Alexis de Tocqueville

TOCQUEVILLE AU BAS-CANADA

ISBN : 978-1511690300

10 9 8 7 6 5 4 3 2 1

Alexis de Tocqueville

TOCQUEVILLE AU BAS-CANADA

Table de Matières

Première partie

Écrits datant du voyage en Amérique (1831-1832)

Alexis de Tocqueville

Quinze jours dans le désert [1]

Écrit sur le Steamboat « The Superior »
commencé le 1er août 1831.

Une des choses qui piquaient le plus vivement notre curiosité en venant
en Amérique, c'était de parcourir les extrêmes limites de la civilisation
européenne et même, si le temps nous le permettait, de visiter quelques-
unes de ces tribus indiennes qui ont mieux aimé fuir dans les solitudes
les plus sauvages que de se plier à ce que les blancs appellent les délices
de la vie sociale. Mais il est plus difficile qu'on ne croit de rencontrer
aujourd'hui le désert. À partir de New York et à mesure que nous avancions vers le nord-ouest, le but de notre voyage semblait fuir devant
nous. Nous parcourions des lieux célèbres dans l'histoire des Indiens;
nous rencontrions des vallées qu'ils ont nommées; nous traversions des
fleuves qui portent encore le nom de leurs tribus mais partout, la hutte
du sauvage avait fait place à la maison de l'homme civilisé. Les bois
étaient tombés, la solitude prenait une vie.

Cependant nous semblions marcher sur les traces des indigènes. Il y a
dix ans, nous disait-on, ils étaient ici; là, cinq ans; là, deux ans. Au lieu
où vous voyez la plus belle église du village, nous racontait celui-ci, j'ai
abattu le premier arbre de la forêt. Ici, nous racontait un autre, se tenait
le grand conseil de la Confédération des Iroquois. - Et que sont devenus
les Indiens, disais-je ? - Les Indiens, reprenait notre hôte, ils ont été je
ne sais trop où, par delà les Grands Lacs. C'est une race qui s'éteint ; ils
ne sont pas faits pour la civilisation: elle les tue.

L'homme s'accoutume à tout. A la mort sur les champs de bataille, à la
mort dans les hôpitaux, à tuer et à souffrir. Il se fait à tous les spectacles.
Un peuple antique, le premier et le légitime maître du continent
américain, fond chaque jour comme la neige aux rayons du soleil et
disparaît à vue d'œil de la surface de la terre. Dans les mêmes lieux
et à sa place, une autre race grandit avec une rapidité plus étonnante

1 Les événements décrits dans ce récit se déroulent entre le 18 juillet et le 29 juillet
1831. A ce sujet, voir au tome V des Oeuvres complètes (édition Mayer), le volume
Voyages en Sicile et aux États-Unis, p. 342. Voyages I renverra désormais à ce volume,
l'appellation Voyages II étant réservée au volume Voyages en Angleterre, Irlande,
Suisse et Algérie, publié dans la même collection.

encore. Par elle les forêts tombent, les marais se dessèchent; des lacs semblables à des mers, des fleuves immenses s'opposent en vain à sa marche triomphante. Les déserts deviennent des villages, des villages deviennent des villes. Témoin journalier de ces merveilles, l'Américain ne voit dans tout cela rien qui l'étonne. Cette incroyable destruction, cet accroissement plus surprenant encore lui paraît la marche habituelle des événements de ce monde. Il s'y accoutume comme à l'ordre immuable de la nature.

C'est ainsi que, toujours en quête des sauvages et du désert, nous parcourûmes les 360 milles qui séparent New York de Buffalo.

Le premier objet qui frappa notre vue fut un grand nombre d'Indiens, qui s'étaient réunis ce jour-là à Buffalo pour recevoir le paiement des terres qu'ils ont livrées aux États-Unis.

Je ne crois pas avoir jamais éprouvé un désappointement plus complet qu'à la vue de ces Indiens. J'étais plein des souvenirs de M. de Chateaubriand et de Cooper et je m'attendais à voir dans les indigènes de l'Amérique des sauvages sur la figure desquels la nature avait laissé la trace de quelques-unes de ces vertus hautaines qu'enfante l'esprit de liberté, Je croyais rencontrer en eux des hommes dont le corps avait été développé par la chasse et la guerre et qui ne perdaient rien à être vus dans leur nudité. On peut juger de mon étonnement en rapprochant ce portrait de celui qui va suivre:

Les Indiens que je vis ce soir-là avaient une petite stature; leurs membres, autant qu'on en pouvait juger sous leurs vêtements, étaient grêles et peu nerveux; leur peau, au lieu de présenter une teinte de rouge cuivre, comme on le croit communément, était bronze foncé de telle sorte qu'au premier abord, elle semblait se rapprocher beaucoup de celle des mulâtres. Leurs cheveux noirs et luisants tombaient avec une singulière roideur sur leurs cols et sur leurs épaules. Leurs bouches étaient en général démesurément grandes, l'expression de leur figure ignoble et méchante. Leur physionomie annonçait cette profonde dépravation qu'un long abus des bienfaits de la civilisation peut seul donner. On eût dit des hommes appartenant à la dernière populace de nos grandes villes d'Europe. Et cependant c'étaient encore des sauvages. Aux vices qu'ils tenaient de nous, se mêlait quelque chose de barbare et d'incivilisé qui les rendait cent fois plus repoussants encore. Ces Indiens ne portaient pas d'armes, ils étaient couverts de vêtements européens ; mais ils ne s'en servaient pas de la même manière que nous. On voyait qu'ils n'étaient point faits à leur usage et se trouvaient encore emprisonnés dans leurs replis. Aux ornements de l'Europe, ils joignaient les produits d'un luxe barbare, des plumes, d'énormes boucles d'oreilles et des colliers de coquillages. Les mouvements de ces hommes étaient rapides et désordonnés, leur voix aiguë et discordante, leurs regards inquiets et sauvages. Au premier abord, on eût été tenté de ne voir dans chacun d'eux qu'une bête des forêts à laquelle l'éducation avait bien pu donner l'apparence d'un homme, mais qui n'en était pas moins restée un animal. Ces êtres faibles et dépravés appartenaient cependant à l'une des tribus les plus renommées de l'ancien monde américain. Nous avions devant nous, et c'est pitié de le dire, les derniers restes de cette célèbre Confédération des Iroquois dont la mâle sagesse n'était pas moins connue que le courage et qui tinrent longtemps la balance entre les deux plus grandes nations européennes.

On aurait tort toutefois de vouloir juger la race indienne sur cet échantillon informe, ce rejeton égaré d'un arbre sauvage qui a crû dans la boue de nos villes. Ce serait renouveler l'erreur que nous commîmes nous-mêmes et que nous eûmes l'occasion de reconnaître plus tard.

Le soir nous sortîmes de la ville et à peu de distance des dernières maisons nous aperçûmes un Indien couché sur le bord de la route. C'était un jeune homme. Il était sans mouvement et nous le crûmes mort. Quelques gémissements étouffés qui s'échappaient péniblement de sa poitrine nous firent connaître qu'il vivait encore et luttait contre une de ces dangereuses ivresses causées par l'eau-de-vie. Le soleil était déjà couché, la terre devenait de plus en plus humide. Tout annonçait que ce malheureux rendrait là son dernier soupir, à moins qu'il ne fût secouru. C'était l'heure où les Indiens quittaient Buffalo pour regagner leur village; de temps en temps un groupe d'entre eux venait à passer près de nous. Ils s'approchaient, retournaient brutalement le corps de leur compatriote pour le reconnaître et puis reprenaient leur marche sans daigner répondre à nos observations. La plupart de ces hommes eux-mêmes étaient ivres. Il vint enfin une jeune Indienne qui d'abord sembla s'approcher avec un certain intérêt. Je crus que c'était la femme ou la sœur du mourant. Elle le considéra attentivement, l'appela à haute voix par son nom, tâta son cœur et, s'étant assurée qu'il vivait, chercha à le tirer de sa léthargie. Mais comme ses efforts étaient inutiles, nous la vîmes entrer en fureur contre ce corps inanimé qui gisait devant elle. Elle lui frappait la tête, lui tortillait le visage avec ses mains, le foulait aux pieds. En se livrant à ces actes de férocité, elle poussait des cris inarticulés et sauvages qui, à cette heure, semblent encore vibrer dans mes oreilles. Nous crûmes enfin devoir intervenir et nous lui ordonnâmes péremptoirement de se retirer. Elle obéit, mais nous l'entendîmes en s'éloignant pousser un éclat de rire barbare.

Revenus à la ville nous entretînmes plusieurs personnes du jeune Indien. Nous parlâmes du danger imminent auquel il était exposé; nous offrîmes même de payer sa dépense dans une auberge. Tout cela fut inutile. Nous ne pûmes déterminer personne à s'en occuper. Les uns nous disaient: Ces hommes sont habitués à boire avec excès et à coucher sur la terre. lis ne meurent point pour de pareils accidents. D'autres avouaient que probablement l'Indien mourrait; mais on lisait sur leurs lèvres cette pensée à moitié exprimée: Qu'est-ce que la vie d'un Indien? C'était là le fond du sentiment général. Au milieu de cette société si policée, si prude, si pédante de moralité et de vertu, on rencontre une insensibilité complète, une sorte d'égoïsme froid et implacable lorsqu'il s'agit des indigènes de l'Amérique. Les habitants des États-Unis ne chassent pas les Indiens à cor et à cri ainsi que faisaient les Espagnols du Mexique. Mais c'est le même sentiment impitoyable qui anime ici comme partout ailleurs la race européenne.

Combien de fois dans le cours de nos voyages n'avons-nous pas rencontré d'honnêtes citadins qui nous disaient le, soir, tranquillement assis au coin de leur foyer: Chaque jour le nombre des Indiens va décroissant. Ce n'est pas cependant que nous leur fassions souvent la guerre, mais l'eau-de-vie que nous leur vendons à bas prix en enlève tous les ans plus que ne pourraient faire nos armes. Ce monde-ci nous appartient, ajoutaient-ils, Dieu, en refusant à ses premiers habitants la faculté de se civiliser, les a destinés par avance à une destruction inévitable. Les véritables propriétaires de ce continent sont ceux qui savent tirer parti de ses richesses.

Alexis de Tocqueville

Satisfait de son raisonnement, l'Américain s'en va au temple où il entend un ministre de l'Évangile lui répéter que les hommes sont frères et que l'être éternel qui les a tous faits sur le même modèle, leur a donné à tous le devoir de se secourir.

Le 19 juillet à dix heures du matin, nous montâmes sur le bateau à vapeur l'Ohio, nous dirigeant vers Détroit. Une brise très forte soufflait du nord-ouest et donnait aux eaux du lac Érié toutes les apparences de l'agitation des vagues de l'Océan. A droite s'étendait un horizon sans bornes, à gauche nous serrions les côtes méridionales du lac dont souvent nous nous approchions jusqu'à la portée de la voix. Ces côtes étaient parfaitement plates et différaient de celles de tous les lacs que j'avais eu occasion de visiter en Europe. Elles ne ressemblaient pas non plus aux bords de la mer. D'immenses forêts les ombrageaient et formaient autour du lac comme une ceinture épaisse et rarement interrompue. De temps en temps cependant le pays change tout à coup d'aspect. Au dé tour d'un bois on aperçoit la flèche élégante d'un clocher, des maisons éclatantes de blancheur et de propreté, des boutiques. Deux pas plus loin, la forêt primitive et en apparence impénétrable reprend son empire et réfléchit de nouveau son feuillage dans les eaux du lac.

Ceux qui ont parcouru les États-Unis trouveront dans ce tableau un emblème frappant de la société américaine. Tout y est heurté, imprévu; partout l'extrême civilisation et la nature abandonnée à elle-même se trouvent en présence et en quelque sorte face à face. C'est ce qu'on ne s'imagine point en France. Pour moi, dans mes illusions de voyageur - et quelle classe d'hommes n'a pas les siennes -je me figurais tout autre chose. J'avais remarqué qu'en Europe, l'état plus ou moins retiré dans lequel se trouvait une province ou une ville, sa richesse ou sa pauvreté, sa petitesse ou son étendue exerçaient une influence immense sur les idées, les mœurs, la civilisation tout entière de ses habitants et mettaient souvent la différence de plusieurs siècles entre les diverses parties du même territoire.

Je m'imaginais qu'il en était ainsi à plus forte raison dans le Nouveau Monde et qu'un pays, peuplé d'une manière incomplète et partielle comme l'Amérique, devait présenter toutes les conditions d'existence et offrir l'image de la société à tous les âges. L'Amérique, suivant moi, était donc le seul pays où l'on pût suivre pas à pas toutes les transformations que l'état social fait subir à l'homme et où il fût possible d'apercevoir comme une vaste chaîne qui descendit d'anneau en anneau depuis l'opulent patricien des villes jusqu'au sauvage du désert. C'est là, en un mot, qu'entre quelques degrés de longitude je comptais trouver encadrée l'histoire de l'humanité tout entière.

Rien n'est vrai dans ce tableau. De tous les pays du monde l'Amérique est le moins propre à fournir le spectacle que j'y venais chercher. En Amérique, plus encore qu'en Europe, il n'y a qu'une seule société. Elle peut être riche ou pauvre, humble ou brillante, commerçante ou agricole, mais elle se compose partout des mêmes éléments. Le niveau d'une civilisation égale a passé sur elle. L'homme que vous avez laissé dans les rues de New York, vous le retrouvez au milieu des solitudes presque impénétrables: même habillement, même esprit, même langue, mêmes habitudes, mêmes plaisirs. Rien de rustique, rien de naïf, rien qui sente le désert, rien même qui ressemble à nos villages. La raison de ce singulier état de choses est facile à comprendre. Les portions de territoires les plus anciennement et les plus complètement peuplées sont parvenues a un haut degré de civilisation, l'instruction y a été prodiguée à profusion, l'esprit d'égalité y a répandu une teinte singulièrement uniforme sur les habitudes intérieures de la vie. Or, remarquez-le bien, ce sont précisément ces mêmes hommes qui vont peupler chaque année le désert. En Europe, chacun vit et meurt sur le sol qui l'a vu naître. En Amérique, on ne rencontre nulle part les représentants d'une race qui se serait multipliée dans la solitude après y avoir longtemps vécu ignorée du monde et livrée à ses propres efforts. Ceux qui habitent les lieux isolés y sont arrivés d'hier. Ils y sont venus avec les mœurs, les idées, les besoins de la civilisation. lis ne donnent à la vie sauvage que ce que l'impérieuse nature des choses exige d'eux. De là les plus bizarres contrastes. On passe sans transition d'un désert dans la rue d'une cité, des scènes les plus sauvages aux tableaux les plus riants de la vie civilisée. Si la nuit vous surprenant ne vous force pas de prendre gîte au pied d'un arbre, vous avez grande chance d'arriver dans un village où vous trouverez tout, jusqu'aux modes françaises et aux caricatures des boulevards. Le marchand de Buffalo et de Détroit en est aussi bien approvisionné que celui de New York, les fabriques de Lyon travaillent pour l'un comme pour l'autre. Vous quittez les

Alexis de Tocqueville

grandes routes, vous vous enfoncez dans des sentiers à peine frayés. Vous apercevez enfin un champ défriché, une cabane composée de troncs à moitié équarris où le jour n'entre que par une fenêtre étroite, vous vous croyez enfin parvenu à la demeure du paysan américain. Erreur. Vous pénétrez dans cette cabane qui semble l'asile de toutes les misères, mais le possesseur de ce lieu est couvert des mêmes habits que vous, il parle le langage des villes. Sur sa table grossière sont des livres et des journaux; lui-même se hâte de vous prendre à part pour savoir au juste ce qui se passe dans la vieille Europe et vous demande compte de ce qui vous a le plus frappé dans son pays. Il vous tracera sur le papier un plan de campagne pour les Belges, et vous apprendra gravement ce qui reste à faire pour la prospérité de la France. On croirait voir un riche propriétaire qui est venu habiter momentanément et pour quelques nuits un rendez-vous de chasse. Et, dans le fait, la cabane de bois n'est pour l'Américain qu'un asile momentané, une concession temporaire faite à la nécessité des circonstances. Lorsque les champs qui l'environnent seront entièrement en produit et que le nouveau propriétaire aura le loisir de s'occuper des choses agréables à la vie, une maison plus spacieuse et mieux appropriée à ses besoins remplacera la *log-house* et servira d'asile à de nombreux enfants qui un jour iront aussi se créer une demeure dans le désert.

Mais, pour en revenir à notre voyage, nous naviguâmes donc péniblement toute la journée en vue des côtes de la Pennsylvanie et plus tard de celles de l'Ohio. Nous nous arrêtâmes un instant à Presqu'Ile, aujourd'hui Érié. C'est là que le canal de Pittsbourg viendra aboutir. Au moyen de cet ouvrage, dont l'entière exécution est, dit-on, facile et désormais assurée, le Mississipi communiquera avec la Rivière du Nord et les richesses de l'Europe circuleront librement à travers les cinq cents lieues de terre qui séparent le golfe du Mexique de l'Océan Atlantique.

Lé soir, le temps étant devenu favorable, nous nous dirigeâmes rapidement vers Détroit en traversant le milieu du lac. Le matin suivant, nous étions en vue de la petite île appelée *Middle-Sister* près de laquelle le Commodore Perry a gagné en 1814 une célèbre victoire navale sur les Anglais.

Peu après, les côtes unies du Canada semblèrent se rapprocher

rapidement et nous vîmes s'ouvrir devant nous la rivière de Détroit
et paraître dans le lointain les maisons du Fort Malden. Ce lieu, fondé
par les Français, porte encore des traces nombreuses de son origine.
Les maisons ont la forme et la position de celles de nos paysans. Au
centre du hameau s'élève le clocher catholique surmonté du coq.
On dirait un village des environs de Caen ou d'Évreux. Tandis que
nous considérions, non sans émotion, cette image de la France, notre
attention fut détournée par la vue d'un singulier spectacle : à notre
droite, sur le rivage, un soldat écossais montait la garde en grand
uniforme. Il portait ce costume que les champs de Waterloo ont rendu
si célèbre. Le bonnet à plumes, la jaquette, rien n'y manquait; le soleil
faisait étinceler son habit et ses armes. A notre gauche, et comme pour
nous fournir un parallèle, deux Indiens tout nus, le corps bariolé de
couleurs, le nez traversé par un anneau, arrivaient au même instant de la
rive opposée. Ils montaient un petit canot d'écorce dont une couverture
formait la voile. Abandonnant cette frêle embarcation à l'effort du vent
et du courant, ils s'élancèrent comme un trait vers notre vaisseau dont
en un instant ils eurent fait le tour. Puis ils s'en allèrent tranquillement
pêcher près du soldat anglais qui, toujours étincelant et immobile,
semblait placé là comme le représentant de la civilisation brillante et
armée de l'Europe.

Nous arrivâmes à Détroit à trois heures. Détroit est une petite ville de
deux à trois mille âmes que les jésuites ont fondée au milieu des bois en
1710 et qui contient encore un très grand nombre de familles françaises.

Nous avions traversé tout l'État de New York, et fait cent lieues sur le
lac Érié; nous touchions cette fois aux bornes de la civilisation, mais
nous ignorions complètement vers quel lieu il fallait nous diriger. S'en
informer n'était pas chose si aisée qu'on peut le croire. Traverser des
forêts presque impénétrables, passer des rivières profondes, braver les
marais pestilentiels, dormir exposé à l'humidité des bois, voilà 'des
efforts que l'Américain conçoit sans peine s'il s'agit de gagner un écu; car
c'est là le point. Mais qu'on fasse de pareilles choses par curiosité, c'est
ce qui n'arrive pas jusqu'à son intelligence. Ajoutez qu'habitant d'un
désert, il ne prise que l'œuvre de l'homme. Il vous enverra volontiers
visiter une route, un pont, un beau village. Mais qu'on attache du prix à
de grands arbres et à une belle solitude, voilà ce qui le passe absolument.

Alexis de Tocqueville

Rien donc de plus difficile que de trouver quelqu'un en état de vous comprendre. Vous voulez voir des bois, nous disaient en souriant nos hôtes, allez tout droit devant vous, vous trouverez de quoi vous satisfaire. Il y a précisément dans les environs des routes nouvelles et des sentiers bien percés. Quant aux Indiens, vous n'en verrez que trop sur nos places publiques et dans nos rues; il n'y a pas besoin pour cela d'aller bien loin. Ceux-là au moins commencent à se civiliser et sont d'un aspect moins sauvage. Nous ne tardâmes pas à reconnaître qu'il était impossible d'obtenir d'eux la vérité en les attaquant de front et qu'il fallait *manœuvrer*.

Nous nous rendîmes donc chez le fonctionnaire chargé par les États-Unis de la vente des terres encore désertes qui couvrent le district de Michigan; nous nous présentâmes à lui comme des gens qui, sans avoir une volonté bien arrêtée de fonder un établissement dans le pays, pouvaient avoir cependant un intérêt éloigné à connaître le prix des terres et leur situation. M. le major Biddle, c'était le nom du fonctionnaire, comprit cette fois à merveille ce que nous voulions faire et entra immédiatement dans une foule de détails que nous écoutâmes avec avidité. Cette partie-ci, nous dit-il, en nous montrant sur la carte la rivière St-Joseph qui, après de longues sinuosités, va se décharger dans le lac de Michigan, me paraît la plus propre à répondre à votre dessein: la terre y est bonne; on y a déjà établi de beaux villages et la route qui y conduit est si bien entretenue que tous les jours des voitures publiques la parcourent. Bon! dîmes-nous en nous-mêmes, nous savons déjà par où il ne faut pas aller à moins que nous ne voulions visiter le désert en poste. Nous remerciâmes M. Biddle de ses avis et nous lui demandâmes avec un air d'indifférence et une sorte de mépris, quelle était la portion de district où jusqu'à présent le courant des émigrations s'était fait le moins sentir. « Par ici, nous dit-il, sans attacher plus de prix a ses paroles que nous à notre question, vers le nord-ouest. Jusqu'à Pontiac et dans les environs de ce village il a été fondé depuis peu d'assez beaux établissements. Mais il ne faut pas penser à se fixer plus loin; le pays est couvert d'une forêt presque impénétrable qui s'étend sans bornes vers le nord-ouest où l'on ne rencontre que des bêtes fauves et des Indiens. Les États-Unis projettent d'y ouvrir incessamment une route; mais elle n'est encore que commencée et s'arrête à Pontiac. Je vous le répète, c'est un parti auquel il ne faut pas songer. » Nous remerciâmes de nouveau M. Biddle de ses bons conseils et nous sortîmes déterminés à en prendre tout juste le contre-pied. Nous ne nous possédions pas de joie de connaître enfin un lieu que n'avait pas encore atteint le torrent de la civilisation européenne.

Le lendemain 23 juillet, nous nous hâtâmes de louer deux chevaux. Comme nous comptions les garder une dizaine de jours, nous voulûmes déposer dans les mains du propriétaire un certain prix; mais il refusa de le recevoir disant que nous payerions à notre retour. Il était sans inquiétude. Le Michigan est entouré de tous les côtés par des lacs et des déserts; il nous lâchait dans une espèce de manège dont il tenait la porte. Après donc avoir acheté une boussole ainsi que des munitions, nous nous mîmes en chemin, le fusil sur l'épaule, avec autant d'insouciance de l'avenir et le cœur aussi léger que deux écoliers qui quitteraient le collège pour aller passer leurs vacances sous le toit paternel.

Si en effet nous n'avions voulu voir que des bois, nos hôtes de Détroit auraient eu raison de nous dire qu'il n'était pas nécessaire d'aller bien loin, car, à un mille de la ville, la route entre dans la forêt pour n'en plus sortir. Le terrain sur lequel elle se trouve est parfaitement plat et souvent marécageux. De temps en temps on rencontre sur son chemin de nouveaux défrichements. Comme ces établissements ont entre eux une parfaite ressemblance, soit qu'ils se trouvent au fond du Michigan ou à la porte de New York, je vais tâcher de les décrire ici une fois pour toutes.

La clochette que le pionnier a soin de suspendre au col de ses bestiaux pour les retrouver dans l'épaisseur des bois annonce de très loin l'approche du défrichement. Bientôt on entend le retentissement de la hache qui abat les arbres de la forêt et, à mesure qu'on approche, des traces de destruction annoncent plus clairement encore la présence de l'homme. Des branches coupées couvrent le chemin, des troncs à moitié calcinés par le feu ou mutilés par le fer, se tiennent cependant debout sur votre passage. On continue sa marche et l'on parvient dans un bois dont tous les arbres semblent avoir été frappés de mort subite. Au milieu de l'été leurs branches desséchées ne présentent plus que l'image de l'hiver. En les examinant de plus près, on s'aperçoit qu'on a tracé dans leur écorce un cercle profond qui, arrêtant la circulation de la sève, n'a pas tardé à les faire périr. C'est en effet par là que débute ordinairement le planteur. Ne pouvant pas la première année couper tous les arbres qui garnissent sa nouvelle propriété, il sème du maïs sous leurs branches et, en les frappant de mort, il les empêche de porter ombre à sa récolte. Après ce champ, ébauche incomplète, premier pas de la civilisation dans le désert, on aperçoit tout à coup la cabane du propriétaire. Elle est en général placée au centre d'un terrain plus soigneusement cultivé que le reste, mais où cependant l'homme soutient encore une lutte inégale contre la nature. Là, les arbres ont été coupés, mais non arrachés; leurs troncs garnissent encore et embarrassent le terrain qu'ils ombrageaient autrefois. Autour de ces débris desséchés, du blé, des rejetons de chêne, des plantes de toute espèce, des herbes de toute nature croissent pêle-mêle et grandissent ensemble sur un soi indocile et encore à demi sauvage. C'est au centre de cette végétation vigoureuse et variée que s'élève la maison du planteur ou, comme on l'appelle dans le pays, la *log-house*. Ainsi que le champ qui l'environne cette demeure rustique annonce une oeuvre nouvelle et précipitée. Sa longueur excède rarement 30 pieds. Elle est large de 20, haute de 15. Ses murs ainsi que le toit sont formés de troncs d'arbres non équarris entre lesquels on a placé de la mousse et de la terre pour empêcher le froid et la pluie de pénétrer dans l'intérieur de la maison. A mesure que le voyageur s'approche, la scène devient plus animée. Avertis par le bruit de ses pas, des enfants qui se roulaient dans les débris environnants, se lèvent précipitamment et fuient vers l'asile paternel, comme effrayés à la vue d'un homme, tandis que deux gros chiens à demi sauvages, les oreilles droites et le museau allongé, sortent de la cabane et viennent en grondant couvrir la retraite de leurs jeunes maîtres.

C'est alors que le pionnier paraît lui-même à la porte de sa demeure; il jette un regard scrutateur sur le nouvel arrivant; fait signe à ses chiens de rentrer au logis et lui-même se hâte de leur en donner l'exemple sans témoigner ni curiosité ni inquiétude.

Parvenu sur le seuil de la *log-house,* l'Européen ne peut s'empêcher de promener un oeil étonné sur le spectacle qu'elle présente.

Il n'y a en général à cette cabane qu'une seule fenêtre à laquelle pend quelquefois un rideau de mousseline; car, dans ces lieux où il n'est pas rare de voir manquer le nécessaire, le superflu se trouve fréquemment. Sur le foyer de terre battue pétille un feu résineux qui, mieux que le jour, éclaire le dedans de l'édifice. Au-dessus de ce foyer rustique, on aperçoit des trophées de guerre ou de chasse: une longe carabine rayée, une peau de daim, des plumes d'aigle. À droite de la cheminée est souvent étendue une carte des États-Unis que le vent, en s'introduisant entre les interstices du mur, soulève et agite incessamment. Près d'elle, sur un rayon solitaire de planches mal équarries, sont placés quelques volumes dépareillés: là se rencontrent une bible dont la piété de deux générations a déjà usé la couverture et les bords, un livre de prières et parfois un chant de Milton ou une tragédie de Shakespeare. Le long des murs sont rangés quelques sièges grossiers, fruit de l'industrie du propriétaire; des malles au lieu d'armoires, des instruments d'agriculture et quelques échantillons de la récolte. Au centre de l'appartement s'élève une table boiteuse dont les pieds encore garnis de feuillage semblent avoir poussé d'eux-mêmes sur le sol qu'elle occupe. C'est là que la famille entière se réunit chaque jour pour prendre ses repas. On y voit encore une théière de porcelaine anglaise, des cuillères le plus souvent de bois, quelques tasses ébréchées et des journaux.

L'aspect du maître de cette demeure n'est pas moins remarquable que le lieu qui lui sert d'asile.

Des muscles anguleux, des membres effilés font reconnaître au premier coup d'œil l'habitant de la nouvelle Angleterre. Cet homme n'est pas né dans la solitude où il habite. Sa constitution seule l'annonce. Ses premières années se sont passées au sein d'une société intellectuelle et raisonnante. C'est sa volonté qui l'a jeté au milieu des travaux du désert pour lesquels il semble peu fait. Mais si ses forces physiques paraissent au-dessous de son entreprise, sur ses traits sillonnés par les soins de la vie règne un air d'intelligence pratique, de froide et persévérante énergie qui frappe au premier abord. Sa démarche est lente et compassée, ses paroles mesurées et son apparence austère. L'habitude et plus encore l'orgueil a donné à son visage cette rigidité stoïque que ses actions démentent: le pionnier méprise, il est vrai, ce qui agite souvent avec le plus de violence le cœur des hommes; ses biens et sa vie ne suivront jamais les chances d'un coup de dés ou les destinées d'une femme; mais, pour acquérir l'aisance, il a bravé l'exil, la solitude et les misères sans nombre de la vie sauvage, il a couché sur la terre nue, il s'est exposé à la fièvre des bois et au tomahawk de l'Indien. Il a fait cet effort un jour, il le renouvelle depuis des années, il le fera vingt ans encore peut-être, sans se rebuter et sans se plaindre. Un homme capable de semblables sacrifices est-il donc un être froid et insensible et ne doit-on pas au contraire reconnaître en lui une de ces passions du cerveau si ardentes, si tenaces, si implacables? Concentré dans ce but unique de faire fortune, l'émigrant a fini par se créer une existence toute individuelle; les sentiments de famille sont venus se fondre eux-mêmes dans un vaste égoïsme et il est douteux que dans sa femme et ses enfants il voie autre chose qu'une portion détachée de lui-même. Privé de rapports habituels avec ses semblables, il a appris à se faire un plaisir de la solitude. Lorsqu'on se présente au seuil de sa demeure isolée, le pionnier s'avance à votre rencontre; il vous tend la main selon l'usage, mais sa physionomie n'exprime ni la bienveillance ni la joie. Il ne prend la parole que pour vous interroger, c'est un besoin de tête et non de cœur qu'il satisfait, et à peine a-t-il tiré de vous les nouvelles qu'il désirait apprendre, il retombe dans le silence. On croirait voir un homme qui s'est retiré le soir dans sa demeure fatigué des importuns et du bruit du monde. Interrogez-le à votre tour, il vous donnera avec intelligence les renseignements dont vous manquez, il pourvoira même à vos besoins, il veillera à votre sûreté tant que vous serez sous son toit. Mais il règne dans tous ses procédés tant de contrainte et d'orgueil, on y aperçoit une si profonde indifférence pour le résultat même de ses efforts, qu'on sent se glacer la reconnaissance. Le pionnier cependant est hospitalier à sa manière, mais son hospitalité n'a rien qui vous touche parce que lui-même semble en l'exerçant se soumettre à une nécessité pénible du désert. Il voit en elle un devoir que sa position lui impose, non un plaisir. Cet homme inconnu est le représentant d'une race à laquelle l'avenir du Nouveau Monde appartient, race inquiète, raisonnante et aventureuse qui fait froidement ce que l'ardeur seule des passions explique, qui trafique de tout sans excepter même la morale et la religion.

Nation de conquérants qui se soumettent à mener la vie sauvage sans se jamais laisser entraîner par ses douceurs, qui n'aiment de la civilisation et des lumières que ce qu'elles ont d'utile au bien-être et qui s'enferment dans les solitudes de l'Amérique avec une hache et des journaux; peuple qui, comme tous les grands peuples, n'a qu'une pensée, et qui marche à l'acquisition des richesses, unique but de ses travaux, avec une persévérance et un mépris de la vie, qu'on pourrait appeler héroïques, si ce nom convenait à autre chose qu'aux efforts de la vertu. C'est ce peuple nomade que les fleuves et les lacs n'arrêtent point, devant qui les forêts tombent et les prairies se couvrent d'ombrages; et qui, après avoir touché l'Océan Pacifique, reviendra sur ses pas pour troubler et détruire les sociétés qu'il aura formées derrière lui.

En parlant du pionnier, on ne peut oublier la compagne de ses misères et de ses dangers. Regardez à l'autre bout du foyer cette jeune femme qui, tout en veillant aux apprêts du repas, berce sur ses genoux son plus jeune fils. Comme l'émigrant, cette femme est dans la force de l'âge, comme lui elle peut se rappeler l'aisance de ses premières années. Son costume annonce même encore un goût de parure mal éteint. Mais le temps a pesé lourdement sur elle; dans ses traits flétris avant l'âge, à ses membres amoindris, il est facile de voir que l'existence a été pour elle un fardeau pesant. En effet cette frêle créature s'est déjà trouvée exposée à d'incroyables misères. A peine entrée dans la vie, il lui a fallu s'arracher à la tendresse de sa mère et à ces doux liens fraternels que la jeune fille n'abandonne jamais sans verser des larmes, alors même qu'elle les quitte pour aller partager l'opulente demeure d'un nouvel époux. La femme du pionnier, enlevée en un moment et sans espoir de retour à cet innocent berceau de sa jeunesse, a échangé contre la solitude des forêts les charmes de la société et les joies du foyer domestique. C'est sur la terre nue du désert qu'a été placée sa couche nuptiale. Se vouer à des devoirs austères, se soumettre à des privations qui lui étaient inconnues, embrasser une existence pour laquelle elle n'était point faite, tel fut l'emploi des plus belles années de sa vie, telles ont été pour elle les douceurs de l'union conjugale. Le dénuement, les souffrances et l'ennui ont altéré son organisation fragile, mais non abattu son courage. Au milieu de la profonde tristesse peinte sur ses traits délicats, on remarque sans peine une résignation religieuse, une paix profonde, et je ne sais quelle fermeté naturelle et tranquille qui affronte toutes les misères de la vie sans les craindre ni les braver.

Autour de cette femme se pressent des enfants demi-nus, brillants de santé, insouciants du lendemain, véritables fils du désert. Leur mère

Alexis de Tocqueville

jette de temps en temps sur eux un regard plein de mélancolie et de joie; à voir leur force et sa faiblesse, on dirait qu'elle s'est épuisée en leur donnant la vie et qu'elle ne regrette pas ce qu'ils lui ont coûté.

La maison habitée par les émigrants n'a point de séparations intérieures ni de grenier. Dans l'unique appartement qu'elle contient, la famille entière vient le soir chercher un asile. Cette demeure forme à elle seule comme un petit monde. C'est l'arche de la civilisation perdue au milieu d'un océan de feuillage, c'est une sorte d'oasis dans le désert. Cent pas plus loin l'éternelle forêt étend autour d'elle son ombrage, et la solitude recommence.

Ce n'est que le soir et après le coucher du soleil que nous arrivâmes à Pontiac. Vingt maisons très propres et fort jolies, formant autant de boutiques bien garnies, un ruisseau transparent, une éclaircie d'un quart de lieue carrée, et l'éternelle forêt à l'entour: voilà le tableau fidèle du village de Pontiac qui dans vingt ans peut-être sera une ville. La vue de ce lieu me rappelle ce que m'avait dit un mois avant à New York M. Gallatin : qu'il n'y a pas de village en Amérique, du moins dans l'acception qu'on donne chez nous à ce mot. Ici les maisons des cultivateurs sont toutes éparpillées au milieu des champs. On ne se réunit dans un lieu que pour y établir une espèce de marché à l'usage de la population environnante. On ne voit dans ces prétendus villages que des hommes de loi, des imprimeurs ou des marchands.

Nous nous fîmes conduire à la plus belle auberge de Pontiac (car il y en a deux) et l'on nous introduisit comme de coutume dans ce qu'on appelle le *bar-room*. C'est une salle où l'on donne à boire et où le plus simple ouvrier comme le plus riche commerçant du lieu viennent fumer, boire et parler politique ensemble sur le pied de l'égalité extérieure la plus parfaite. Le maître du lieu ou le landlord était, je ne dirai pas un gros paysan, il n'y a pas de paysan en Amérique, mais du moins A très gros monsieur qui portait sur sa figure cette expression de candeur et de simplicité qui distingue les maquignons normands. C'était un homme qui, de peur de vous intimider, ne vous regardait jamais en face en vous parlant, mais attendait pour vous considérer à son aise que vous fussiez occupé à converser ailleurs. Du reste, profond politique et, suivant les habitudes américaines, impitoyable questionneur. Cet esti-

Écrits datant du voyage en Amérique (1831-1832)

mable citoyen, ainsi que le reste de l'assemblée, nous considéra d'abord avec étonnement. Notre costume de voyage et nos fusils n'annonçaient guère des entrepreneurs d'industrie et voyager pour voir était une chose absolument insolite. Afin de couper court aux explications, nous déclarâmes tout d'abord que nous venions acheter des terres. A peine le mot fut-il prononcé, que nous nous aperçûmes qu'en cherchant à éviter un mal nous nous étions jetés dans un autre bien plus redoutable.

On cessa il est vrai de nous traiter comme des êtres extraordinaires, mais chacun voulut entrer en marché avec nous; pour nous débarrasser d'eux et de leurs fermes, nous dîmes à notre hôte qu'avant de rien conclure nous désirions obtenir de lui d'utiles renseignements sur le prix des terrains et sur la manière de les cultiver. Il nous introduisit aussitôt dans une autre salle, étendit avec une lenteur convenable une carte du Michigan sur la table de chêne qui se trouvait au milieu de la chambre et, plaçant la chandelle entre nous trois, attendit dans un impassible silence ce que nous avions à lui communiquer. Le lecteur, sans avoir comme nous l'intention de s'établir dans l'une des solitudes de l'Amérique, peut cependant être curieux de savoir comment s'y prennent tant de milliers d'Européens et d'Américains qui viennent chaque année y chercher un asile. Je vais donc transcrire ici les renseignements fournis par notre hôte de Pontiac. Souvent, depuis, nous avons été à même de vérifier leur parfaite exactitude.

« Il n'en est pas ici comme en France, nous dit notre hôte après avoir écouté tranquillement toutes nos questions et mouché la chandelle ; chez vous la main-d'œuvre est à bon marché et la terre est chère; ici l'achat de la terre n'est rien et le travail de l'homme hors de prix. Ce que je dis, afin de vous faire sentir que, pour s'établir en Amérique comme en Europe, il faut un capital, bien qu'on l'emploie différemment. Pour ma part, je ne conseillerais à qui que ce soit de venir chercher fortune dans nos déserts à moins d'avoir à sa disposition une somme de 150 à 200 dollars (800 à 1.000 francs). L'acre dans le Michigan ne se paye jamais plus de 10 shillings (environ 6 fr. 50 c.) lorsque la terre est encore inculte. C'est à peu près le prix d'une journée de travail. Un ouvrier peut donc gagner en un jour de quoi acheter une acre. Mais l'achat fait, la difficulté commence. Voici comme on s'y prend généralement pour la surmonter. Le pionnier se rend sur le lieu qu'il vient d'acquérir avec

Alexis de Tocqueville

quelques bestiaux, un cochon salé, deux barils de farine et du thé. Si, près de là, se trouve une cabane, il s'y rend et y reçoit une hospitalité temporaire. Dans le cas contraire il dresse une tente au milieu même du bois qui doit devenir son champ. Son premier soin est d'abattre les arbres les plus proches, avec lesquels il bâtit à la hâte la maison grossière dont vous avez déjà pu examiner la structure. Chez nous, l'entretien des bestiaux ne coûte guère. L'émigrant les lâche dans la forêt après leur avoir attaché une clochette de fer. Il est très rare que ces animaux ainsi abandonnés à eux-mêmes quittent les environs de leur demeure. La plus grande dépense est celle du défrichement. Si le pionnier arrive dans le désert avec une famille en état de l'aider dans ses premiers travaux, sa tâche est assez facile. Mais il en est rarement ainsi. En général l'émigrant est jeune et, s'il a déjà des enfants, ils sont en bas âge. Alors il lui faut pourvoir seul à tous les premiers besoins de sa famille ou louer les services de ses voisins. Il en coûte de 4 à 5 dollars (de 20 à 25 francs) pour faire défricher une acre. Le terrain étant préparé, le nouveau propriétaire met une acre en pommes de terre, le reste en froment et en maïs. Le maïs est la providence de ces déserts, il croît dans l'eau de nos marécages et pousse sous le feuillage de la forêt mieux qu'aux rayons du soleil. C'est le maïs qui sauve la famille de l'émigrant d'une destruction inévitable, lorsque la pauvreté, la maladie, ou l'incurie l'a empêché la première année de faire un défrichement suffisant. Il n'y a rien de plus pénible à passer que les premières années qui s'écoulent après le défrichement. Plus tard vient l'aisance et ensuite la richesse. »

Ainsi parlait notre hôte; pour nous, nous écoutions ces simples détails avec presque autant d'intérêt que si nous eussions voulu les mettre nous-mêmes à profit; et, quand il se fut tu, nous lui dîmes:

« Le sol de tous les bois abandonnés à eux-mêmes est en général marécageux et malsain ; l'émigrant qui s'expose aux misères de la solitude n'a-t-il du moins rien à craindre pour sa vie ? - Tout défrichement est une entreprise périlleuse, repartit l'Américain, et il est presque sans exemple que le pionnier ou sa famille ait échappé pendant la première année à la fièvre des bois. Souvent quand on voyage dans l'automne, on trouve tous les habitants d'une cabane atteints de la fièvre depuis l'émigrant jusqu'à son plus jeune fils. - Et que deviennent ces malheureux lorsque la Providence les frappe ainsi ? - Ils se résignent en attendant un meilleur avenir. - Mais ont-ils quelques secours à espérer de leurs semblables ? - Presque aucun. - Peuvent-ils du moins se procurer les secours de la médecine ? - Le médecin le plus proche habite souvent à 60 milles de leur demeure. Ils font comme les Indiens, ils meurent ou guérissent suivant qu'il plaît à Dieu. » Nous reprîmes: « La voix de la religion parvient-elle quelquefois jusqu'à eux? - Très rarement; on n'a pu encore rien prévoir dans nos bois pour assurer l'observation publique d'un culte. Presque tous les étés, il est vrai, quelques prêtres méthodistes viennent parcourir les nouveaux établissements. Le bruit de leur arrivée se répand avec une incroyable rapidité de cabane en cabane; c'est la grande nouvelle du jour. À l'époque fixée, l'émigrant, sa femme et ses enfants, se dirigent à travers les sentiers à peine frayés de la forêt vers le rendez-vous indiqué. On y vient de 50 milles à la ronde. Ce n'est point dans une église que se réunissent les fidèles, mais en plein air, sous le feuillage de la forêt. Une chaire composée de troncs mal équarris, de grands arbres renversés pour servir de sièges, tels sont les ornements de ce temple rustique. Les pionniers et leurs familles campent dans les bois qui l'entourent; c'est là que pendant trois jours et trois nuits la foule pratique des exercices religieux rarement interrompus. Il. faut voir avec quelle ardeur ces hommes se livrent à la prière, avec quel recueillement on écoute la voix solennelle du prêtre. C'est dans le désert qu'on se montre comme affamé de religion. - Une dernière question. On croit généralement parmi nous que les déserts de l'Amérique se peuplent à l'aide de l'émigration européenne? D'où vient donc que depuis que nous parcourons vos bois, il ne nous est pas arrivé de rencontrer un seul Européen? » Un sourire de supériorité et d'orgueil satisfait se peignit sur les traits de notre hôte en entendant cette demande: « Il n'y a que des Américains, répondit-il avec emphase, qui puissent avoir le courage de se soumettre à de semblables misères et qui sachent acheter l'aisance à un pareil prix. L'émigrant d'Europe s'arrête dans les grandes villes qui bordent la mer ou dans les districts qui les avoisinent. Là, il devient artisan, garçon de ferme, valet. Il mène une vie plus douce qu'en Europe et se montre satisfait de laisser à ses enfants le même héritage. L'Américain au contraire s'empare de la terre et cherche à se créer avec elle un grand avenir. »

Après avoir prononcé ces derniers mots, notre hôte s'arrêta. Il laissa s'échapper de sa bouche une immense colonne de fumée et parut prêt à écouter ce que nous avions à lui apprendre sur nos projets.

Nous le remerciâmes d'abord de ses précieux avis et de ses sages conseils dont nous l'assurâmes que nous profiterions quelque jour et nous ajoutâmes: « Avant de nous fixer dans votre canton, mon cher hôte, nous avons l'intention de nous rendre à Saginaw et nous désirons vous consulter sur ce point. » A ce mot de Saginaw il se fit une singulière révolution dans la physionomie de l'Américain; il semblait qu'on l'entraînât violemment hors de la vie réelle pour le pousser dans les domaines de l'imagination; ses yeux se dilatèrent, sa bouche s'entrouvrit et l'étonnement le plus profond se peignit sur tous ses traits: « Vous voulez aller à Saginaw, s'écria-t-il, à Saginaw-Bay ! Deux hommes raisonnables, deux étrangers bien élevés veulent aller à Saginaw-Bay ? La chose est à peine croyable. - Et pourquoi donc pas? répliquâmes-nous. - Mais savez-vous bien, reprit notre hôte, à quoi vous vous engagez? Savez-vous bien que Saginaw est le dernier point habité jusqu'à l'Océan Pacifique? Que d'ici à Saginaw on ne trouve guère qu'un désert et des solitudes non frayées? Avez-vous réfléchi que les bois sont pleins d'Indiens et de moustiques? Qu'il vous faudra pourtant coucher au moins une nuit sous l'humidité de leur ombrage ? Avez-vous pensé à la fièvre? Saurez-vous vous tirer d'affaire dans le désert et vous retrouver dans le labyrinthe de nos forêts ? » Après cette tirade il fit une pause pour mieux juger l'impression qu'il avait produite. Nous reprîmes: « Tout cela peut être vrai. Mais nous partirons demain matin pour Saginaw-Bay. » Notre hôte réfléchit un moment, hocha la tête et dit d'un ton lent et positif: « Il n'y a qu'un grand intérêt qui puisse porter deux étrangers à une semblable entreprise: vous vous êtes sans doute figuré, fort à tort, qu'il était avantageux de se fixer dans les lieux les plus éloignés de toute concurrence ? » Nous ne répondîmes point. Il reprit: « Peut-être aussi êtes-vous chargés par la compagnie des pelleteries du Canada d'établir des rapports avec les tribus indiennes des frontières? » Même silence. Notre hôte était à bout de conjectures et il se tut, mais continua à réfléchir profondément sur la bizarrerie de notre dessein.

« Est-ce que vous n'avez jamais été à Saginaw ? Dîmes-nous. - Moi, répondit-il, j'y ai été pour mon malheur cinq ou six fois, mais j'avais un intérêt à le faire et on ne peut vous en découvrir aucun. - Mais ne perdez pas de vue, mon digne hôte, que nous ne vous demandons pas s'il faut aller à Saginaw, mais seulement quels sont les moyens d'y parvenir avec facilité. » Ramené ainsi à la question, notre Américain retrouva tout son sang-froid et toute la netteté de ses idées, il nous expliqua en peu de mots et avec un admirable bon sens pratique la manière dont nous devions nous y prendre pour traverser le désert, entra dans les moindres détails, et prévit les circonstances les plus fortuites. À la fin de ses prescriptions il fit une nouvelle pause pour voir si nous n'arrivions pas enfin au mystère de notre voyage, et s'apercevant que de part et d'autre nous n'avions plus rien à dire, il prit la chandelle, nous conduisit à une chambre et, nous ayant très démocratiquement secoué la main, s'en fut achever la soirée dans la salle commune.

Nous nous levâmes avec le jour et nous nous préparâmes à partir. Notre hôte fut bientôt lui-même sur pied. La nuit ne lui avait pas fait découvrir ce qui nous faisait tenir une conduite à ses yeux si extraordinaire. Cependant, comme nous paraissions absolument décidés à agir contrairement à ses conseils, il n'osait revenir à la charge, mais il tournait sans cesse autour de nous. Il répétait de temps en temps à demi-voix: « Je puis *concevoir avec peine* ce qui peut porter deux étrangers à aller à Saginaw. » Il répéta cette phrase plusieurs fois, jusqu'à ce qu'enfin je lui dise en mettant le pied à l'étrier: « Il y a bien des raisons qui nous y portent, mon cher hôte. » Il s'arrêta tout court en entendant ces mots et, me regardant en face pour la première fois, il sembla se préparer à entendre la révélation d'un grand mystère. Mais moi, enfourchant tranquillement mon cheval, je lui fis pour toute conclusion un signe d'amitié et je m'éloignai au grand trot. Lorsque cinquante pas plus loin je tournai la tête, je le vis encore planté comme une meule de foin devant sa porte. Peu après il rentra chez lui en secouant la tête. J'imagine qu'il disait encore: « Je comprends avec peine ce que deux étrangers vont faire à Saginaw. »

On nous avait recommandé de nous adresser à un M. Williams qui, ayant fait longtemps le commerce avec les Indiens Chippeways et ayant un fils établi à Saginaw, pouvait nous fournir des renseignements utiles. Après avoir fait quelques milles dans les bois et comme nous craignions déjà d'avoir manqué la maison de notre homme, nous rencontrâmes un vieillard occupé à travailler à un petit jardin. Nous l'abordâmes. C'était

M. Williams lui-même. Il nous reçut avec une grande bienveillance et nous donna une lettre pour son fils. Nous lui demandâmes si nous n'avions rien à craindre des peuplades indiennes dont nous allions traverser le territoire. M. Williams rejeta cette idée avec une sorte d'indignation: « Non! non! dit-il, vous pouvez marcher sans crainte. Pour ma part je dormirais plus tranquille au milieu des Indiens que des blancs. » Je note ceci comme la première impression favorable que j'aie reçue sur les Indiens depuis mon arrivée en Amérique. Dans les pays très habités on ne parle d'eux qu'avec un mélange de crainte et de mépris et je crois que là en effet ils méritent ces deux sentiments. On a pu voir plus haut ce que j'en pensais moi-même lorsque je rencontrai les premiers d'entre eux à Buffalo. A mesure qu'on avancera dans ce journal et qu'on me suivra au milieu des populations européennes des frontières et des tribus indiennes elles-mêmes, on concevra des premiers habitants de l'Amérique une idée tout à la fois plus honorable et plus juste.

Après avoir quitté M. Williams nous poursuivîmes notre route au milieu des bois. De temps en temps un petit lac (ce district en est plein) apparaissait comme une nappe d'argent sous le feuillage de la forêt. Il est difficile de se figurer le charme qui environne ces jolis lieux où l'homme n'a point fixé sa demeure et où règnent encore une paix profonde et un silence non interrompu. J'ai parcouru dans les Alpes des solitudes affreuses où la nature se refuse au travail de l'homme, mais où elle déploie jusque dans ses horreurs même une grandeur qui transporte l'âme et la passionne. Ici la solitude n'est pas moins profonde, mais elle ne fait pas naître les mêmes impressions. Les seuls sentiments qu'on éprouve en parcourant ces déserts fleuris où tout, comme dans le *Paradis* de Milton, est préparé pour recevoir l'homme, c'est une admiration tranquille, une émotion douce et mélancolique, un dégoût vague de la vie civilisée; une sorte d'instinct sauvage qui fait penser avec douleur que bientôt cette délicieuse solitude aura changé de face. Déjà en effet la race blanche s'avance à travers les bois qui l'entourent et, dans peu d'années, l'Européen aura coupé les arbres qui se réfléchissent dans les eaux limpides du lac et forcé les animaux qui peuplent ses rives de se retirer vers de nouveaux déserts.

Toujours cheminant, nous parvînmes dans une contrée d'un aspect nouveau. Le sol n'y était plus égal, mais coupé de collines et de vallées.

Écrits datant du voyage en Amérique (1831-1832)

Plusieurs de ces collines présentent l'aspect le plus sauvage. C'est dans un de ces passages pittoresques que, nous étant retournés tout à coup pour contempler le spectacle imposant que nous laissions derrière nous, nous aperçûmes à notre grande surprise près de la croupe de nos chevaux un Indien qui semblait nous suivre pas à pas. C'était un homme de trente ans environ, grand et admirablement proportionné comme ils le sont presque tous. Ses cheveux noirs et luisants tombaient le long de ses épaules à l'exception de deux tresses qui étaient attachées sur le haut de la tête. Sa figure était barbouillée de noir et de rouge. Il était couvert d'une espèce de blouse bleue très courte. Il portait des mittas rouges: ce sont des espèces de pantalons qui ne vont que jusqu'au haut des cuisses, et ses pieds étaient garnis de mocassins. A son côté pendait un couteau. De la main droite il tenait une longue carabine et de la gauche deux oiseaux qu'il venait de tuer. La première vue de cet Indien fil sur nous une impression peu agréable. Le lieu était mal choisi pour résister à une attaque: à notre droite une forêt de pins s'élevait à une hauteur immense, à notre gauche s'étendait un ravin profond au fond duquel roulait parmi les rochers un ruisseau que l'obscurité du feuillage dérobait à notre vue et vers lequel nous descendions en aveugles! Mettre la main sur nos fusils, nous retourner et nous placer dans le chemin en face de l'Indien fut l'affaire d'un moment. Il s'arrêta de même. Nous nous tînmes pendant une demi-minute en silence. Sa figure présentait tous les traits caractéristiques qui distinguent la race indienne de toutes les autres. Dans ses yeux parfaitement noirs brillait ce feu sauvage qui anime encore le regard du métis et ne se perd qu'à la deuxième ou troisième génération de sang blanc. Son nez était arqué par le milieu, légèrement écrasé par le bout, les pommettes de ses joues très élevées et sa bouche fortement fendue laissait voir deux rangées de dents étincelantes de blancheur qui témoignaient assez que le sauvage plus propre que son voisin l'Américain ne passait pas sa journée à mâcher des feuilles de tabac. J'ai dit qu'au moment où nous nous étions retournés en mettant la main sur nos armes, l'Indien s'était arrêté. Il subit l'examen rapide que nous fîmes de sa personne avec une impassibilité absolue, un regard ferme et immobile. Comme il vit que nous n'avions de notre côté aucun sentiment hostile, il se mit à sourire; probablement il s'apercevait qu'il nous avait alarmés. C'est la première fois que je pus observer à quel point l'expression de la gaieté change complètement la physionomie de ces hommes sauvages. J'ai eu cent fois depuis l'occasion de faire la même remarque. Un Indien sérieux et un Indien qui sourit, ce sont deux hommes entièrement différents. Il règne dans l'immobilité du premier une majesté sauvage qui imprime un sentiment involontaire de terreur. Ce même homme vient-il à sourire, sa figure entière prend une expression de naïveté et de bienveillance qui lui donne un charme réel.

Quand nous vîmes notre homme se dérider, nous lui adressâmes la parole en anglais. Il nous laissa parler tout à notre aise, puis fit signe qu'il ne comprenait point. Nous lui offrîmes un peu d'eau-de-vie qu'il accepta sans hésitation comme sans remerciement. Parlant toujours par signes, nous lui demandâmes les oiseaux qu'il portait et il nous les donna moyennant une petite pièce de monnaie. Ayant ainsi fait connaissance nous le saluâmes de la main et partîmes au grand trot. Au bout d'un quart d'heure d'une marche rapide, m'étant retourné de nouveau, je fus confondu d'apercevoir encore l'Indien, derrière la croupe de mon cheval. Il courait avec l'agilité d'un animal sauvage, sans prononcer un seul mot ni paraître allonger son allure. Nous nous4 arrêtâmes, il s'arrêta. Nous repartîmes, il repartit. Nous nous lançâmes à toute course. Nos chevaux élevés dans le désert franchissaient avec facilité tous les obstacles. L'Indien doubla sa marche; je l'apercevais tantôt à droite, tantôt à gauche de mon cheval, sautant par-dessus les buissons et retombant sur la terre sans bruit. On eût dit l'un de ces loups du nord de l'Europe qui suivent les cavaliers dans l'espérance qu'ils tomberont de leurs chevaux et pourront être plus facilement dévorés. La vue de cette figure immobile qui, tantôt se perdant dans l'obscurité de la forêt, tantôt reparaissant au grand jour, semblait voltiger à nos côtés, finissait par nous devenir importune. Ne pouvant concevoir ce qui portait cet homme à nous suivre d'un pas si précipité - et peut-être le faisait-il depuis très longtemps lorsque nous le découvrîmes la première fois - il nous vint dans la tête qu'il nous menait dans une embuscade. Nous étions occupés de ces pensées lorsque nous aperçûmes dans le bois devant nous le bout d'une autre carabine. Bientôt nous fûmes à côté de celui qui la portait; nous le prîmes d'abord pour un Indien, il était couvert d'une espèce de redingote courte qui, serrée autour de ses reins, dessinait une taille droite et bien prise, son col était nu et ses pieds couverts de mocassins. Lorsque nous arrivâmes près de lui et qu'il leva la tête, nous reconnûmes sur-le-champ un Européen et nous nous arrêtâmes. Il vint à nous, nous secoua la main avec cordialité et nous entrâmes en conversation: « Est-ce que vous vivez dans le désert ? - Oui, voilà ma maison; il nous montrait au milieu des feuilles une hutte beaucoup plus misérable que les *log-houses* ordinaires. – Seul ? - Seul. - Et que faites-vous donc ici ? - Je parcours ces bois et je tue à droite et à gauche le gibier qui se rencontre sur mon chemin, mais il n'y a pas de bons coups à faire maintenant. - Et ce genre de vie vous plaît ? - Plus que tout autre. - Mais ne craignez-vous pas les Indiens ? - Craindre les Indiens! j'aime mieux vivre au milieu d'eux que dans la société des blancs. Non! non! je ne crains pas les Indiens. Ils valent mieux que nous, à moins que nous ne les ayons abrutis par nos liqueurs, les pauvres créatures! » Nous montrâmes alors à notre nouvelle connaissance l'homme qui nous suivait si obstinément et qui alors s'était arrêté à quelques pas et restait aussi immobile qu'un terme. « C'est un Chippeway, dit-il, ou comme les Français l'appellent, un *Sauteur.* Je gage qu'il revient du Canada où il a reçu les présents annuels des Anglais. Sa famille ne doit pas être loin d'ici. » Ayant ainsi parlé, l'Américain fit signe à l'Indien de s'approcher et commença à lui parler dans sa langue avec une extrême facilité. C'était chose remarquable à voir que le plaisir que ces deux hommes de naissance et de mœurs si différentes trouvaient à échanger entre eux leurs idées. La conversation roulait évidemment sur le mérite respectif de leurs armes. Le blanc, après avoir examiné très attentivement le fusil du sauvage: « Voilà une belle carabine, dit-il, les Anglais la lui ont donnée sans doute pour s'en servir contre nous et il ne manquera pas de le faire à la première guerre. C'est ainsi que les Indiens attirent sur leur tête tous les malheurs qui les accablent. Mais ils n'en savent pas plus long, les pauvres gens. - Les Indiens se servent-ils avec habileté de ces longs et lourds fusils? - Il n'y a pas de tireurs comme les Indiens, reprit vivement notre nouvel ami avec l'accent de la plus grande admiration. Examinez les petits oiseaux qu'il vous a vendus, Monsieur, ils sont percés d'une seule balle et je suis bien sûr qu'il n'a tiré que deux coups pour les avoir. Oh! ajouta-t-il, il n'y a rien de plus heureux qu'un Indien dans les pays d'où nous n'avons pas encore fait fuir le gibier. Mais les gros animaux nous sentent à plus de trois cents milles et en se retirant ils font devant nous comme un désert où les pauvres Indiens ne peuvent plus vivre s'ils ne cultivent pas la terre. »

Alexis de Tocqueville

Comme nous reprenions notre chemin: «Quand vous repasserez, nous cria notre nouvel ami, frappez à ma porte. On a du plaisir à rencontrer des visages blancs dans ces lieux-ci. »

J'ai relaté cette conversation qui en elle-même ne contient rien de remarquable pour faire connaître une espèce d'hommes que nous rencontrâmes depuis très fréquemment sur les limites des terres habitées. Ce sont des Européens qui, en dépit des habitudes de leur jeunesse, ont fini par trouver dans la liberté du désert un charme inexprimable. Tenant aux solitudes de l'Amérique par leur goût et leurs passions, à l'Europe par leur religion, leurs principes et leurs idées, ils mêlent l'amour de la vie sauvage a l'orgueil de la civilisation et préfèrent les Indiens à leurs compatriotes sans cependant se reconnaître leurs égaux.

Nous reprîmes donc notre marche et, nous avançant toujours avec la même rapidité, nous atteignîmes au bout d'une demi-heure la maison d'un pionnier. Devant la porte de cette cabane une famille indienne avait établi sa demeure passagère. Une vieille femme, deux jeunes filles, plusieurs enfants se tenaient accroupis autour d'un feu à l'ardeur duquel étaient exposés les restes d'un chevreuil entier. À quelques pas de là sur l'herbe, un Indien tout nu se chauffait aux rayons du soleil tandis qu'un petit enfant se roulait près de lui dans la poussière. Ce fut là que s'arrêta notre silencieux compagnon; il nous quitta sans prendre congé de nous et fut s'asseoir gravement au milieu de ses compatriotes. Qui avait pu porter cet homme à suivre ainsi pendant deux lieues la course de nos chevaux? C'est ce que nous ne pûmes jamais deviner, Après avoir déjeuné en cet endroit nous remontâmes à cheval et poursuivîmes notre marche au milieu d'une haute futaie peu épaisse. Le taillis a été brûlé autrefois comme on peut l'apercevoir aux restes calcinés de quelques arbres qui sont couchés sur l'herbe. Le sol est aujourd'hui couvert de fougères qu'on voit s'étendre à perte de vue sous le feuillage de la forêt.

Quelques lieues plus loin mon cheval se déferra, ce qui nous causa une vive inquiétude. Près de là heureusement nous rencontrâmes un planteur qui parvint à le referrer. Sans cette rencontre je doute que nous eussions pu aller plus loin, car nous approchions alors de l'extrême limite des défrichements. Ce même homme qui nous mit ainsi en état

Écrits datant du voyage en Amérique (1831-1832)

de poursuivre notre route, nous invita à presser le pas, le jour commençant à baisser et deux grandes lieues nous séparant encore de *Flint River où* nous voulions aller coucher.

Bientôt, en effet, une obscurité profonde commença à nous environner. *Il fallait marcher.* La nuit était sereine mais glaciale. Il régnait au fond de ces forêts un silence si profond et un calme si Complet qu'on eût dit que toutes les forces de la nature y étaient comme paralysées. On n'y entendait que le bourdonnement incommode des moustiques, et le bruit des pas de nos chevaux. De temps en temps on apercevait au loin un feu d'Indien devant lequel un profil austère et immobile se dessinait dans la fumée. Au bout d'une heure nous arrivâmes à un lieu *où* se divise le chemin. Deux sentiers s'ouvraient en cet endroit. Lequel des deux prendre? Le choix était délicat, l'un d'eux aboutissait à un ruisseau dont nous ne connaissions pas la profondeur, l'autre à une éclaircie. La lune qui se levait alors nous montrait devant nous une vallée remplie de débris. Plus loin nous apercevions deux maisons. Il était si important de ne point nous égarer dans un pareil lieu et à cette heure que nous résolûmes de prendre des renseignements avant d'aller plus loin. Mon compagnon resta pour tenir les chevaux et moi, jetant mon fusil sur mon épaule, je descendis dans le vallon. Bientôt je m'aperçus que j'entrais dans un défrichement tout récent; des arbres immenses non encore débarrassés de leurs branches couvraient la terre. Je parvins en sautant de l'un à l'autre à arriver assez rapidement jusqu'auprès des maisons, mais le même ruisseau que nous avions déjà rencontré m'en séparait. Heureusement son cours se trouvait embarrassé dans cet endroit par de grands chênes que la hache du pionnier y avait sans doute précipités. Je réussis à me glisser le long de ces arbres et j'arrivai enfin à l'autre bord. J'approchai avec précaution des deux maisons, craignant que ce ne fût des wigwams indiens; elles n'étaient point encore finies, j'en trouvai les portes ouvertes et aucune voix n'y répondit à la mienne. Je revins sur les bords du ruisseau où je ne pus m'empêcher d'admirer pendant quelques minutes la sublime horreur du lieu. Cette vallée semblait former une arène immense qu'environnait de toutes parts comme une noire draperie le feuillage du bois et au centre de laquelle les rayons de la lune, en se brisant, venaient créer mille images fantastiques qui se jouaient en silence au milieu des débris de la forêt. Du reste aucun son quelconque, aucun bruit de vie ne s'élevait de cette solitude. Je

Alexis de Tocqueville

songeai enfin a mon compagnon et je l'appelai à grands cris pour lui apprendre le résultat de mes recherches, l'engager à passer le ruisseau et à venir me retrouver. Ma voix retentit pendant longtemps dans les solitudes qui m'environnaient. Mais je n'obtins aucune réponse. Je criai de nouveau et écoutai encore. Le même silence de mort régnait dans la forêt. L'inquiétude me saisit et je courus le long du ruisseau pour trouver le chemin qui en traversait plus bas le cours. Arrivé là j'entendis dans le lointain le pas des chevaux et je vis bientôt après paraître B. lui-même. Étonné de ma longue absence il avait pris le parti de s'avancer vers le ruisseau; il s'était déjà engagé dans les bas-fonds lorsque je l'avais appelé. Ma voix n'avait pu alors parvenir jusqu'à lui. Il me raconta que de son côté il avait fait tous ses efforts pour se faire entendre et avait été comme moi effrayé de ne point recevoir de réponse. Sans le gué qui nous servit de point de réunion, nous nous serions peut-être cherchés une grande partie de la nuit. Nous nous remîmes en route en nous promettant bien de ne plus nous séparer et à trois quarts d'heure de là nous aperçûmes enfin un défrichement, deux ou trois cabanes et ce qui nous fit plus de plaisir, une lumière. La rivière qui s'étendait comme un fil violet au bout du vallon acheva de nous prouver que nous étions arrivés à *Flint River*. Bientôt en effet les aboiements des chiens firent retentir le bois et nous nous trouvâmes devant une *log-house* dont une barrière seule nous séparait. Comme nous nous préparions à la franchir, la lune nous fit apercevoir de l'autre côté un grand ours noir qui debout sur ses pattes et tirant à lui sa chaîne indiquait aussi clairement qu'il le pouvait son intention de nous donner une accolade toute fraternelle. « Quel diable de pays est ceci, dis-je, où l'on a des ours pour chiens de garde. - Il faut appeler, me répliqua mon compagnon. Si nous tentions de passer la barrière, nous aurions de la peine à faire entendre raison au portier. » Nous appelâmes donc à tue-tête et si bien qu'un homme se montra enfin à la fenêtre. Après nous avoir examinés au clair de la lune. « Entrez, Messieurs, nous dit-il, Trinc, allez vous coucher. Au chenil, vous dis-je. Ce ne sont pas des voleurs. » L'ours recula en se dandinant et nous entrâmes. Nous étions à moitié morts de fatigue. Nous demandâmes à notre hôte si on pouvait avoir de l'avoine. Sans doute, répondit-il, il se mit aussitôt à faucher le champ le plus voisin avec toute la tranquillité américaine et comme il aurait pu le faire en plein midi. Pendant ce temps nous dessellions nos montures et nous les attachions faute d'écurie aux barrières à travers lesquelles nous venions de passer.

Écrits datant du voyage en Amérique (1831-1832)

Ayant ainsi songé à nos compagnons de voyage, nous commençâmes à penser à notre gîte. Il n'y avait qu'un lit dans la maison. Le sort l'ayant adjugé à Beaumont, je m'entourai dans mon manteau et, me couchant sur le plancher, m'endormis aussi profondément qu'il convient à un homme qui vient de faire quinze lieues à cheval.

Le lendemain 25 juillet notre premier soin fut de nous enquérir d'un guide. Un désert de quinze lieues sépare *Flint River* de Saginaw et le chemin qui y conduit est un sentier étroit, à peine reconnaissable à l'œil. Notre hôte approuva notre dessein et bientôt après il nous amena deux Indiens dans lesquels il nous assura que nous pouvions mettre toute confiance. L'un était un enfant de treize à quatorze ans. L'autre un jeune homme de dix-huit ans. Le corps de ce dernier, sans avoir encore acquis les formes vigoureuses de l'âge mûr, donnait cependant déjà l'idée de l'agilité unie à la force. Il était de moyenne grandeur, sa taille était droite et élancée, ses membres flexibles et bien proportionnés. De longues tresses tombaient de sa tête nue. De plus il avait eu soin de peindre sur sa figure des lignes noires et rouges de la manière la plus symétrique. Un anneau passé dans la cloison du nez, un collier et des boucles d'oreilles complétaient sa parure. Son attirail de guerre n'était pas moins remarquable. D'un côté la hache de bataille, le célèbre tomahawk; de l'autre un couteau long et acéré à l'aide duquel les sauvages enlèvent la chevelure du vaincu. A son cou était suspendue une corne de taureau qui lui servait de poire à poudre et il tenait une carabine rayée dans sa main droite. Comme chez la plupart des Indiens son regard était farouche et son sourire bienveillant. A côté de lui, comme pour compléter le tableau, marchait un chien à oreilles droites, à museau allongé, beaucoup plus semblable à un renard qu'à aucune autre espèce d'animal, et dont l'air farouche était en parfaite harmonie avec la contenance de son conducteur. Après avoir examiné notre nouveau compagnon avec une attention dont il ne parut pas un seul moment s'apercevoir, nous lui demandâmes ce qu'il désirait de nous pour prix du service qu'il allait nous rendre. L'Indien répondit quelques mots dans sa langue et l'Américain, se hâtant de prendre la parole, nous apprit que ce que demandait le sauvage pouvait être évalué à deux dollars. « Comme ces pauvres Indiens, ajouta charitablement notre hôte, ne savent pas le prix de l'argent, vous me donnerez les dollars et je me chargerai volontiers de lui fournir l'équivalent. » Je fus curieux de voir ce que le digne homme appelait l'équivalent de deux dollars et je le suivis tout doucement dans le lieu où se faisait le marché. Je le vis délivrer à notre guide une paire de mocassins et un mouchoir de poche, objets dont la valeur totale ne montait certainement pas à la moitié de la somme. L'Indien se retira fort satisfait et moi je m'en fus sans bruit, disant comme La Fontaine: Ah! si les lions savaient peindre!

Au reste ce ne sont pas seulement les Indiens que les pionniers américains prennent pour dupes. Nous étions tous les jours nous-mêmes victimes de leur extrême avidité pour le gain. Il est très vrai qu'ils ne volent point. Ils ont trop de lumières pour commettre une pareille imprudence, mais du reste je n'ai jamais vu aubergiste de grande ville surfaire avec plus d'impudeur que ces habitants du désert chez lesquels je me figurais trouver l'honnêteté primitive et la simplicité des mœurs patriarcales.

Tout était prêt: nous montâmes à cheval et passant à gué le ruisseau qui forme l'extrême limite entre la civilisation et le désert, nous entrâmes pour tout de bon dans la solitude.

Nos deux guides marchaient ou plutôt sautaient comme des chats sauvages à travers les obstacles du chemin. Qu'un arbre renversé, un ruisseau, un marais vînt à se rencontrer, ils indiquaient du doigt le meilleur chemin, passaient et ne se retournaient même point pour nous voir sortir du mauvais pas; habitué à ne compter que sur lui-même, l'Indien conçoit difficilement qu'un autre ait besoin d'aide. Il sait vous rendre un service au besoin, mais personne ne lui a encore appris l'art de le faire valoir par des prévenances et des soins. Cette manière d'agir aurait toutefois amené des observations de notre part, mais il nous était impossible de faire comprendre un seul mot à nos compagnons. Et puis! nous nous sentions complètement en leur pouvoir. Là en effet l'échelle était renversée; plongé dans une obscurité profonde, réduit à ses propres forces, l'homme civilisé marchait en aveugle, incapable, non seulement de se guider dans le labyrinthe qu'il parcourait, mais même d'y trouver les moyens de soutenir sa vie. C'est au milieu des mêmes difficultés que triomphait le sauvage; pour lui la forêt n'avait point de voile, il s'y trouvait comme dans sa patrie; il y marchait la tête haute guidé par un instinct plus sûr que la boussole du navigateur. Au sommet des plus grands arbres, sous les feuillages les plus épais, son oeil découvrait la proie près de laquelle l'Européen eût passé et repassé cent fois en vain.

De temps en temps nos Indiens s'arrêtaient; ils mettaient le doigt sur leurs lèvres pour nous indiquer d'agir en silence et nous faisaient signe de descendre de cheval. Guidés par eux nous parvenions jusqu'en un endroit où l'on pouvait apercevoir le gibier. C'était un spectacle singulier à voir que le sourire méprisant avec lequel ils nous guidaient par la main comme des enfants et nous amenaient enfin près de l'objet qu'eux-mêmes apercevaient depuis longtemps.

À mesure cependant que nous avancions, les dernières traces de l'homme s'effaçaient. Bientôt tout cessa même d'annoncer la présence du sauvage et nous eûmes devant nous le spectacle après lequel nous courions depuis si longtemps, l'intérieur d'une forêt vierge.

Au milieu d'un taillis peu épais et à travers lequel on peut apercevoir les objets à une assez grande distance, s'élevait d'un seul jet une haute futaie composée presque en totalité de pins et de chênes. Obligé de croître sur un terrain très circonscrit et presque entièrement privé des rayons du soleil, chacun de ces arbres monte rapidement pour chercher l'air et la lumière. Aussi droit que le mât d'un vaisseau il ne tarde pas à s'élever au-dessus de tout ce qui l'environne. Parvenu à une région supérieure, c'est alors qu'il étend tranquillement ses branches et s'enveloppe de leur ombre. D'autres le suivent bientôt dans cette sphère élevée et tous, entrelaçant leurs rameaux, forment comme un dais immense au-dessus de la terre qui les porte. Au-dessous de cette voûte humide et immobile, l'aspect change et la scène prend un caractère nouveau. Un ordre majestueux règne au-dessus de votre tète. Près de la terre tout offre au contraire l'image de la confusion et du chaos. Des troncs incapables de supporter plus longtemps leurs branches se sont fendus dans la moitié de leur hauteur et ne présentent plus à l'œil qu'un sommet aigu et déchiré. D'autres, longtemps ébranlés par le vent, ont été précipités d'une seule pièce sur la terre; arrachées du sol, leurs racines forment comme autant de remparts naturels derrière lesquels plusieurs hommes pourraient facilement se mettre à couvert. Des arbres immenses retenus par les branches qui les environnent restent suspendus dans les airs et

Alexis de Tocqueville

tombent en poussière sans toucher le sol. Il n'y a pas parmi nous de pays si peu peuplé où une forêt soit assez abandonnée à elle-même pour que les arbres, après y avoir suivi tranquillement leur carrière, y tombent enfin de décrépitude. C'est l'homme qui les frappe dans la force de leur âge et qui débarrasse la forêt de leurs débris. Dans les solitudes de l'Amérique, la nature dans sa toute-puissance est le seul agent de ruine comme le seul pouvoir de reproduction. Ainsi que dans les forêts soumises au domaine de l'homme, la mort frappe ici sans cesse: mais personne ne se charge d'enlever les débris qu'elle a faits. Tous les jours ajoutent à leur nombre; ils tombent, ils s'accumulent les uns sur les autres, le temps ne peut suffire à les réduire assez vite en poussière et à préparer de nouvelles places. Là se trouvent couchées côte à côte plusieurs générations de morts. Les uns arrivés au dernier terme de dissolution ne présentent plus à l'œil qu'un long trait de poussière rouge tracé dans l'herbe. D'autres déjà à moitié consumés par le temps conservent encore cependant leurs formes. Il en est enfin qui, tombés d'hier, étendent encore leurs longs rameaux sur la terre et arrêtent les pas du voyageur par un obstacle qu'il n'avait pas prévu. Au milieu de ces débris divers, le travail de la reproduction se poursuit sans cesse. Des rejetons, des plantes grimpantes, des herbes de toute espèce se font jour à travers tous les obstacles. Elles rampent le long des troncs abattus, elles s'insinuent dans leurs poussières, elles soulèvent et brisent l'écorce qui les couvre encore. La vie et la mort sont ici comme en présence, elles semblent avoir voulu mêler et confondre leurs oeuvres.

Il nous est souvent arrivé d'admirer sur l'océan une de ces soirées calmes et sereines, alors que les voiles flottant paisiblement le long des mâts laissent ignorer au matelot de quel côté s'élèvera la brise. Ce repos de la nature entière n'est pas moins imposant dans les solitudes du Nouveau Monde que sur l'immensité de la mer. Lorsque au milieu du jour le soleil darde ses rayons sur la forêt, on entend souvent retentir dans ses profondeurs comme un long gémissement, un cri plaintif qui se prolonge au loin. C'est le dernier effort du vent qui expire. Tout rentre alors autour de vous dans un silence si profond, une immobilité si complète que l'âme se sent pénétrée d'une sorte de terreur religieuse. Le voyageur s'arrête; il regarde: pressés les uns contre les autres, entrelacés dans leurs rameaux, les arbres de la forêt semblent ne former qu'un seul tout, un édifice immense et indestructible, sous les voûtes

Écrits datant du voyage en Amérique (1831-1832)

duquel règne une obscurité éternelle. De quelque côté qu'il porte ses regards, il n'aperçoit qu'un champ de violence et de destruction. Des arbres rompus, des troncs déchirés, tout annonce que les éléments se font ici perpétuellement la guerre. Mais la lutte est interrompue. On dirait qu'à l'ordre d'un pouvoir surnaturel, le mouvement s'est subitement arrêté. Des branches à moitié brisées semblent tenir encore par quelques liens secrets au tronc qui ne leur offre plus d'appui; des arbres déjà déracinés n'ont pas eu le temps d'arriver jusqu'à terre et sont restés suspendus dans les airs. Il écoute, il retient sa respiration avec crainte pour mieux saisir le moindre retentissement de l'existence; aucun son, aucun murmure ne parvient jusqu'à lui.

Il nous est arrivé plus d'une fois en Europe de nous trouver égarés au fond des bois; mais toujours quelques bruits de vie venaient y frapper notre oreille. C'était le tintement éloigné de la cloche du village le plus voisin, les pas d'un voyageur, la hache du bûcheron, l'explosion d'une arme à feu, les aboiements d'un chien, ou seulement cette rumeur confuse qui s'élève d'un pays civilisé. Ici, non seulement l'homme manque, mais la voix même des animaux ne se fait point entendre. Les plus petits d'entre eux ont quitté ces lieux pour se rapprocher des habitations humaines, les plus grands pour s'en éloigner encore davantage. Ceux qui restent se tiennent cachés à l'abri des rayons du soleil. Ainsi tout est immobile dans les bois, tout est silencieux sous leur feuillage. On dirait que le créateur a pour un moment détourné sa face et que les forces de la nature sont paralysées.

Ce n'est pas au reste dans ce seul cas que nous avons remarqué la singulière analogie qui existe entre la vue de l'océan et l'aspect d'une forêt sauvage. Dans l'un comme dans l'autre spectacle l'idée de l'immensité vous assiège. La continuité des mêmes scènes, leur monotonie étonne et accable l'imagination. Nous avons retrouvé plus fort et plus poignant peut-être dans les solitudes du Nouveau Monde le sentiment d'isolement et d'abandon qui nous avait semblé si pesant au milieu de l'Atlantique. Sur la mer, du moins, le voyageur contemple un vaste horizon vers lequel il dirige toujours sa vue avec espérance. Mais dans cet océan de feuillages, qui peut indiquer le chemin? Vers quels objets tourner ses regards? En vain s'élève-t-on sur le sommet des plus grands arbres, d'autres plus élevés encore vous environnent.

Alexis de Tocqueville

Inutilement gravit-on les collines, partout la forêt semble marcher avec vous, et cette même forêt s'étend devant vos pas jusqu'au Pôle arctique et à l'Océan Pacifique. Vous pouvez parcourir des milliers de lieues sous son ombrage et vous marchez toujours sans paraître changer de place.

Mais il est temps de revenir à la route de Saginaw. Nous marchions déjà depuis cinq heures dans la plus parfaite ignorance des lieux où nous nous trouvions, lorsque nos Indiens s'arrêtèrent et l'aîné qui s'appelait Sagan-Cuisco fit une ligne sur le sable. Il montra l'un des bouts en s'écriant: Miché-Couté-Ouinque (c'est le nom indien de *Flint River)* et l'extrémité opposée en prononçant le nom de Saginaw et, faisant un point au milieu de la ligne, il nous indiqua que nous étions parvenus à la moitié du chemin et qu'il fallait se reposer quelques instants. Le soleil était déjà haut sur l'horizon et nous eussions accepté avec plaisir l'invitation qui nous était faite, si nous avions aperçu de l'eau à notre portée. Mais n'en voyant pas aux environs, nous limes signe à l'Indien que nous voulions manger et boire en même temps. Il nous comprit aussitôt et se remit en marche avec la même rapidité qu'auparavant. A une heure de là, il s'arrêta de nouveau et nous montra à trente pas dans le bois un endroit où il fit signe qu'il y avait de l'eau. Sans attendre notre réponse et sans nous aider à desseller nos chevaux, il s'y rendit lui-même; nous nous hâtâmes de le suivre. Le vent avait renversé depuis peu un grand arbre en cet endroit. Dans le trou qu'avaient occupe ses racines se trouvait un peu d'eau de pluie. C'était la fontaine à laquelle nous conduisit notre guide sans avoir l'air de penser qu'on pût hésiter à user d'un pareil breuvage. Nous ouvrîmes notre sac, autre infortune ! La chaleur avait absolument gâté nos provisions et nous nous vîmes réduits pour tout dîner à un très petit morceau de pain, le seul que nous eussions pu trouver à *Flint River.* Qu'on ajoute à cela une nuée de moustiques qu'attirait le voisinage de l'eau et qu'il fallait combattre d'une main en portant de l'autre le morceau à la bouche et on aura l'idée d'un dîner champêtre dans une forêt vierge. Tant que nous mangeâmes, nos Indiens se tinrent assis les bras croisés sur le tronc abattu dont j'ai parlé. Quand ils virent que nous avions fini, ils nous firent signe qu'eux aussi avaient faim. Nous leur montrâmes notre sac vide. Ils secouèrent la tête sans mot dire. L'Indien ne sait point ce que c'est que des heures réglées pour ses repas. Il se gorge de nourriture quand il le peut et jeûne ensuite jusqu'à ce qu'il trouve de nouveau de quoi satisfaire son appétit. Les loups agissent de même en pareille circonstance. Bientôt nous pensâmes à remonter à cheval, mais nous nous aperçûmes avec une grande frayeur que nos montures avaient disparu. Piquées par les moustiques et aiguillonnées par la faim elles s'étaient éloignées du sentier où nous les avions laissées et ce n'est qu'avec peine que nous pûmes nous remettre sur leurs traces. Si nous étions restés inattentifs un quart d'heure de plus nous nous serions réveillés comme Sancho avec la selle entre les jambes. Nous bénîmes de grand cœur les moustiques qui nous avaient fait si vite songer au départ et nous nous remîmes en chemin. Le sentier que nous suivions ne tarda pas à devenir de plus en plus difficile à reconnaître. A chaque instant, nos chevaux avaient à forcer le passage à travers des buissons épais ou à sauter par-dessus des troncs d'arbres immenses qui nous barraient le chemin. Au bout de deux heures d'une route extrêmement pénible, nous arrivâmes enfin sur le bord d'une rivière peu profonde mais fort encaissée. Nous la traversâmes à gué et parvenus sur le haut de la berge opposée, nous vîmes un champ de mais et deux cabanes assez semblables à des *log-houses*. Nous reconnûmes en approchant que nous étions dans un petit établissement indien. Les log-houses étaient des wigwams. Du reste la plus profonde solitude régnait là comme dans la forêt environnante. Parvenu devant la première de ces demeures abandonnées, Sagan-Cuisco s'arrêta; il examina attentivement tous les objets à l'entour, puis déposant sa carabine et s'approchant de nous, il traça d'abord une ligne sur le sable, nous indiquant de la même manière qu'auparavant que nous n'avions encore fait que les deux tiers du chemin; puis, se relevant, il nous montra le soleil et nous fit signe qu'il descendait rapidement vers son couchant. Il regarda ensuite le wigwam et ferma les yeux. Ce langage était fort intelligible: il voulait nous faire coucher en cet endroit. J'avoue que la proposition nous surprit fort et ne nous plut guère. Nous n'avions pas mangé depuis le matin et nous ne nous souciions que médiocrement de nous coucher sans souper. La majesté sombre et sauvage des scènes dont nous étions témoins depuis le matin, l'isolement complet où nous nous trouvions, la contenance farouche de nos conducteurs avec lesquels il était impossible d'entrer en rapport, rien de tout cela d'ailleurs n'était de nature à faire naître en nous la confiance. De plus il y avait dans la conduite des Indiens quelque chose de singulier qui ne nous rassurait point. La route que nous venions de suivre depuis deux heures semblait encore moins fréquentée que celle que nous avions parcourue auparavant. Personne ne nous avait jamais dit que nous dussions traverser un village indien et chacun nous avait assuré au contraire qu'on pouvait aller en un seul jour de Flint River à Saginaw. Nous ne pouvions donc concevoir pourquoi nos guides voulaient nous retenir la nuit dans ce désert. Nous insistâmes pour marcher. L'Indien fit signe que nous serions surpris par l'obscurité dans les bois. Forcer nos guides à continuer leur route eût été une tentative dangereuse. Nous nous décidâmes à tenter leur cupidité. Mais l'Indien est le plus philosophe de tous les hommes. Il a peu de besoins et partant peu de désirs. La civilisation n'a point de prise sur lui, il ignore ou il méprise ses douceurs. Je m'étais cependant aperçu que Sagan-Cuisco avait fait une attention particulière à une petite bouteille d'osier qui pendait à mon côté. Une bouteille qui ne se casse pas. Voilà une chose dont l'utilité lui était tombée sous les sens et qui avait excité chez lui une admiration réelle. Mon fusil et ma bouteille étaient les seules parties de mon attirail européen qui eussent paru exciter son envie. Je lui fis signe que je lui donnerais ma bouteille s'il nous conduisait sur-le-champ à Saginaw. L'Indien parut alors violemment combattu. Il regarda encore le soleil puis la terre. Enfin prenant son parti, il saisit sa carabine, poussa deux fois en mettant la main sur sa bouche le cri de: Ouh ! ouh ! et s'élança devant nous dans les broussailles. Nous le suivîmes au grand trot et nous ouvrant de force un chemin, nous eûmes bientôt perdu de vue les demeures indiennes. Nos guides coururent ainsi pendant deux heures avec plus de rapidité qu'ils n'avaient encore fait, cependant la nuit nous gagnait et les derniers rayons du soleil venaient de disparaître dans les arbres de la forêt lorsque Sagan-Cuisco fut surpris par un violent saignement de nez. Quelque habitué que ce jeune homme parût être ainsi que son frère aux exercices du corps, il était évident que la fatigue et le manque de nourriture commençaient à épuiser ses forces. Nous commencions nous-mêmes à craindre qu'ils ne renonçassent à l'entreprise et ne voulussent coucher au pied d'un arbre. Nous prîmes donc le parti de les faire monter alternativement sur nos chevaux. Les Indiens acceptèrent notre offre sans étonnement ni humilité. C'était une chose bizarre à voir que ces hommes à moitié nus établis gravement sur une selle anglaise et portant nos carnassières et nos fusils en bandoulière tandis que nous cheminions péniblement à pied devant eux. La nuit vint enfin, une humidité glaciale commença à se répandre sous le feuillage. L'obscurité donnait alors à la forêt un aspect nouveau et terrible. L'œil n'apercevait plus autour de lui que des masses confusément amoncelées, sans ordre ni symétrie, des formes bizarres et disproportionnées, des scènes incohérentes, des images fantastiques qui semblaient empruntées à l'imagination malade d'un fiévreux. (Le gigantesque et le ridicule se tenaient là d'aussi près que dans la littérature de notre âge). Jamais nos pas n'avaient réveillé plus d'échos, jamais le silence de la forêt ne nous avait paru si formidable. On eût dit que le bourdonnement des moustiques était la seule respiration de ce monde endormi. A mesure que nous avancions, les ténèbres devenaient plus profondes, seulement de temps en temps une mouche à feu traversant le bois traçait comme un fil lumineux dans ses profondeurs. Nous reconnaissions trop tard la justesse des conseils de l'Indien, mais il ne s'agissait plus de reculer. Nous continuâmes donc à marcher aussi rapidement que nos forces et la nuit purent nous le permettre. Au bout d'une heure nous sortîmes du bois et nous nous trouvâmes dans une vaste prairie. Nos guides poussèrent trois fois un cri sauvage qui retentit comme les notes discordantes du tam-tam. On y répondit dans le lointain. Cinq minutes après nous étions sur le bord d'une rivière dont l'obscurité nous empêchait d'apercevoir la rive opposée. Les Indiens firent halte en cet endroit; ils s'entourèrent de leurs couvertures pour éviter la piqûre des moustiques et, se couchant dans l'herbe, ils ne formèrent bientôt plus qu'une boule de laine à peine perceptible et dans laquelle il eût été impossible de reconnaître la forme d'un homme. Nous mîmes nous-mêmes pied à terre et attendîmes patiemment ce qui allait suivre. Au bout de quelques minutes un léger bruit se fit entendre et quelque chose s'approcha du rivage. C'était un canot indien long de dix pieds environ et formé d'un seul arbre. L'homme qui était accroupi au fond de cette fragile embarcation portait le costume et avait toute l'apparence d'un Indien. Il adressa la parole à nos guides qui à son commandement se hâtèrent d'enlever les selles de nos chevaux et de les disposer dans la pirogue. Comme je me préparais moi-même à y monter, le prétendu Indien s'avança vers moi, me plaça deux doigts sur l'épaule et me dit avec un accent normand qui me fit tressaillir: « N'allez pas trop vitement, y en a des fois ici qui s'y noyent. » Mon cheval m'aurait adressé la parole que je n'aurais pas, je crois, été plus surpris. J'envisageai celui qui m'avait parlé et dont la figure frappée des premiers rayons de la lune reluisait alors comme une boule de cuivre: « Qui êtes-vous donc, lui dis-je, le français semble être votre langue et vous avez l'air d'un Indien? » Il me répondit qu'il était un *bois-brûlé*, c'est-à-dire le fils d'un Canadien et d'une Indienne. J'aurai souvent occasion de parler de cette singulière race de métis qui couvre toutes les frontières du Canada et une partie de celles des États-Unis. Pour le moment je ne songeai qu'au plaisir de parler ma langue maternelle. Suivant les conseils de notre compatriote le sauvage, je m'assis au fond du canot et me tins aussi en équilibre qu'il m'était possible. Le cheval entra dans la rivière et se mit à la nage tandis que le Canadien poussait la nacelle de l'aviron, tout en chantant à demi voix sur un vieil air français le couplet suivant dont je ne saisis que les deux premiers vers:

Entre Paris et Saint-Denis
Il était une fille.

Nous arrivâmes ainsi sans accident sur l'autre bord. Le canot retourna aussitôt chercher mon compagnon. Je me rappellerai toute ma vie le moment où pour la seconde fois il s'approcha du rivage. La lune qui était dans son plein, se levait précisément alors au-dessus de la prairie que nous venions de traverser. La moitié de son disque apparaissait seule sur l'horizon; on eût dit une porte mystérieuse à travers laquelle s'échappait vers nous la lumière d'une autre sphère. Le rayon qui en sortait venait se refléter dans les eaux du fleuve et arrivait en scintillant jusqu'à moi. Sur la ligne même ou vacillait cette pâle lumière s'avançait la pirogue indienne, on n'apercevait pas de rames, on n'entendait pas le bruit des avirons, elle glissait rapidement et sans effort, longue, étroite et noire, semblable à un alligator du Mississipi qui s'allonge vers la rive pour y saisir sa proie. Accroupi sur la pointe du canot, Sagan-Cuisco, la tête appuyée contre ses genoux, ne laissait voir que les tresses luisantes de sa chevelure. A l'autre extrémité le Canadien ramait en silence, tandis que derrière lui, le cheval faisait rejaillir l'eau de la Saginaw sous l'effort de sa puissante poitrine. Il y avait dans l'ensemble de ce spectacle une grandeur sauvage qui fit alors et qui a laissé depuis une impression profonde dans notre âme. Débarqués sur le rivage nous nous hâtâmes de nous rendre à une maison que la lune venait de nous découvrir à cent pas du fleuve et où le Canadien nous assura que nous pouvions trouver un gîte. Nous parvînmes en effet à nous y établir convenablement et nous y aurions probablement réparé nos forces par un profond sommeil si nous avions pu nous débarrasser des myriades de moustiques dont la maison était remplie; mais c'est à quoi nous ne pûmes jamais parvenir. L'animal qu'on appelle *mosquito* en anglais, et *maringouin* en français canadien est un petit insecte semblable en tout au cousin de France dont il diffère seulement par la grosseur. Il est généralement plus grand et sa trompe est si forte et si acérée que les étoffes de laine peuvent seules garantir de ses piqûres. Ces petits moucherons sont le fléau des solitudes de l'Amérique. Leur présence suffirait pour y rendre un long séjour insupportable. Quant à moi je déclare n'avoir jamais éprouvé un tourment semblable à celui qu'ils m'ont fait souffrir pendant tout le cours de ce voyage et particulièrement durant notre séjour a Saginaw. Le jour ils nous empêchaient de dessiner, d'écrire, de rester un seul moment en place, la nuit ils circulaient par milliers autour de nous; chaque endroit du corps que vous laissiez découvert leur servait à l'instant de rendez-vous. Réveillés par la douleur que causait la piqûre nous nous couvrions la tête de nos draps, leur aiguillon passait à travers; chassés, poursuivis ainsi par eux nous nous levions et nous allions respirer l'air du dehors jusqu'à ce que la fatigue nous procurât enfin un sommeil pénible et interrompu.

Nous sortîmes de très bonne heure et le premier spectacle qui nous frappa en quittant la maison, ce fut la vue de nos Indiens qui, roulés dans leurs couvertures près de la porte, dormaient à côté de leurs chiens.

Nous apercevions alors pour la première fois au grand jour le village de Saginaw que nous étions venus chercher de si loin.

Une petite plaine cultivée bordée au sud par une belle et tranquille rivière, à l'est, à l'ouest et au nord par la forêt, compose quant à présent, tout le territoire de la cité naissante.

Près de nous s'élevait une maison dont la structure annonçait l'aisance du propriétaire. C'était celle où nous venions de passer la nuit. Une demeure de même espèce s'apercevait à l'autre extrémité du défrichement. Dans l'intervalle et le long de la lisière du bois deux ou trois *log-houses* se perdaient à moitié dans le feuillage. Sur la rive opposée du fleuve, s'étendait la prairie comme un océan sans bornes dans un jour de calme. Une colonne de fumée s'en échappait alors et

Alexis de Tocqueville

montait paisiblement vers le ciel. En suivant sa direction jusqu'à terre, on découvrait enfin deux ou trois wigwams dont la forme conique et le sommet aigu se confondaient avec les herbes de la prairie.

Une charrue renversée, des bœufs regagnant d'eux-mêmes le labour, quelques chevaux à moitié sauvages complétaient le tableau.

De quelque côté que s'étendit la vue, l'œil cherchait en vain la flèche d'un clocher gothique, la croix de bois qui marque le chemin ou le seuil couvert de mousse du presbytère. Ces vénérables restes de l'antique civilisation chrétienne n'ont point été transportés dans le désert; rien n'y réveille encore l'idée du passé ni de l'avenir. On ne rencontre même pas d'asiles consacrés à ceux qui ne sont plus. La mort n'a pas eu le temps de réclamer son domaine ni de faire borner ses champs.

Ici l'homme semble encore s'introduire furtivement dans la vie. Plusieurs générations ne se réunissent point autour de son berceau pour exprimer des espérances souvent trompeuses, et se livrer à des joies prématurées que dément l'avenir. Son nom n'est point inscrit sur les registres de la cité. La religion ne vient point mêler ses touchantes solennités aux sollicitudes de la famille. Les prières d'une femme, quelques gouttes d'eau versées sur la tête de l'enfant par la main de son Père, lui ouvrent sans bruit les portes du ciel.

Le village de Saginaw est le dernier point habité par les Européens au nord-ouest de la vaste presqu'île du Michigan. On peut le considérer comme un poste avancé, une sorte de guérite que les blancs sont venus placer au milieu des nations indiennes.

Les révolutions de l'Europe, les clameurs tumultueuses qui s'élèvent sans cesse de l'univers policé, n'arrivent ici que de loin en loin, et comme le retentissement d'un son dont l'oreille ne peut plus percevoir la nature ni l'origine.

Tantôt ce sera un Indien qui en passant racontera avec la poésie du désert quelques-unes des tristes réalités de la vie sociale, un journal oublié dans le havresac d'un chasseur ; ou seulement cette rumeur vague qui se propage par des voix inconnues et ne manque presque jamais d'avertir les hommes qu'il se passe quelque chose d'extraordinaire sous le soleil.

Une fois par an, un vaisseau remontant le cours de la Saginaw vient renouer cet anneau détaché à la grande chaîne européenne qui déjà enveloppe le monde de ses replis. Il apporte au nouvel établissement les produits divers de l'industrie et enlève en retour les fruits du sol.

Trente personnes, hommes, femmes, vieillards et enfants composaient seuls, lors de notre passage, cette petite société, embryon à peine formé, germe naissant confié au désert et que le désert doit féconder.

Le hasard, l'intérêt ou les passions avaient réuni dans cet espace étroit ces trente personnes. Du reste il n'existait point entre elles de lien commun et elles différaient profondément les unes des autres. On y remarquait des Canadiens, des Américains, des Indiens et des métis.

Des philosophes ont cru que la nature humaine partout la même ne variait que suivant les institutions et les lois des différentes sociétés. C'est là une de ces opinions que semble démentir à chaque page l'histoire du monde. Les nations comme les individus s'y montrent toutes avec une physionomie qui leur est propre. Les traits caractéristiques de leur visage se reproduisent à travers toutes les transformations qu'elles subissent. Les lois, les mœurs, les religions changent, l'empire et la richesse se déplacent; l'aspect extérieur varie, l'habillement diffère, les préjugés s'effacent ou se substituent les uns aux autres. Parmi ces changements divers vous reconnaissez toujours le même peuple. Quelque chose d'inflexible apparaît au milieu de la flexibilité humaine.

Les hommes qui habitent cette petite plaine cultivée appartiennent à deux races qui depuis près d'un siècle existent sur le sol américain et y obéissent aux mêmes lois. Ils n'ont pourtant rien de commun entre eux. Ce sont des Anglais et des Français, tels qu'ils se montrent aux bords de la Seine et de la Tamise.

Pénétrez sous cette cabane de feuillage, vous y rencontrerez un homme dont l'accueil cordial et la figure ouverte vous annonceront dès l'abord le goût des plaisirs sociaux, et l'insouciance de la vie. Dans le premier moment vous le prendrez peut-être pour un Indien; soumis à la vie sauvage, il en a adopté volontairement les habits, les usages et presque les mœurs. Il porte les mocassins, le bonnet de loutre et le manteau de laine. Il est infatigable chasseur, couche à l'affût, vit de miel sauvage et de chair de bison. Cet homme n'en est pas moins pourtant encore resté un Français gai, entreprenant, glorieux, fier de son origine, amant passionné de la gloire militaire, plus vaniteux qu'intéressé, homme d'instinct, obéissant à son premier mouvement mieux qu'à sa raison, préférant le bruit à l'argent. Pour venir au désert il semble avoir brisé tous les liens qui l'attachaient à la vie: on ne lui voit ni femme ni enfants. Cet état est contraire à ses mœurs, mais il s'y soumet facilement comme à toute chose. Livré à lui-même, il se sentirait naturellement l'humeur casanière : nul plus que lui n'a le goût du foyer domestique; nul n'aime mieux a réjouir sa vue par l'aspect du clocher paternel ; mais on l'a arraché malgré lui à ses habitudes tranquilles, on a frappé son imagination par des tableaux nouveaux, on l'a transplanté sous un autre ciel; ce même homme s'est senti tout à coup possédé d'un besoin insatiable d'émotions violentes, de vicissitudes et de dangers. L'Européen le plus civilisé est devenu l'adorateur de la vie sauvage. Il préférera les savanes aux rues des villes, la chasse à l'agriculture. Il se jouera de l'existence et vivra sans nul souci de l'avenir.

Les blancs de France, disaient les Indiens du Canada, sont aussi bons chasseurs que nous. Comme nous, ils méprisent les commodités de la vie et bravent les terreurs de la mort. Dieu les avait créés pour habiter la cabane du sauvage et vivre dans le désert.

À quelques pas de cet homme habite un autre Européen qui, soumis aux Mêmes difficultés, s'est roidi contre elles.

Celui-ci est froid, tenace, impitoyable argumentateur ; il s'attache à la terre, et arrache à la vie sauvage tout ce qu'il peut lui ôter. Il lutte sans cesse contre elle, il la dépouille chaque jour de quelques-uns de ses attributs. Il transporte, pièce à pièce, dans le désert ses lois, ses habitudes, ses usages et, s'il se peut, jusqu'aux moindres recherches de sa civilisation avancée. L'émigrant des États-Unis n'estime de la victoire que ses résultats-, il tient que la gloire est un vain bruit et que l'homme ne vient au monde que pour y acquérir l'aisance et les commodités de la vie. Brave pourtant, mais brave par calcul, brave parce qu'il a découvert qu'il y avait plusieurs choses plus difficiles à supporter que la mort. Aventurier entouré de sa famille et qui cependant prise peu les plaisirs intellectuels et les charmes de la vie sociale.

Placé de l'autre côté du fleuve, au milieu des roseaux de la Saginaw, l'Indien jette de temps en temps un regard stoïque sur les habitations de ses frères d'Europe. N'allez pas croire qu'il admire leurs travaux, ou envie leur sort. Depuis bientôt trois cents ans que le sauvage de l'Amérique se débat contre la civilisation qui le pousse et l'environne, il n'a point encore appris a connaître et à estimer son ennemie. Les générations se succèdent en vain chez les deux races. Comme deux fleuves parallèles, elles coulent depuis trois cents ans- vers un abîme commun; un espace étroit les sépare, mais elles ne mêlent point leurs flots. Ce n'est pas toutefois que l'aptitude naturelle manque à l'indigène du Nouveau Monde mais sa nature semble repousser obstinément nos idées et nos arts. Couché sur son manteau au milieu de la fumée de sa hutte, l'Indien regarde avec mépris la demeure commode de l'Européen ; pour lui, il se complaît avec orgueil dans sa misère, et son cœur se gonfle et s'élève, aux images de son indépendance barbare. Il sourit amèrement en nous voyant tourmenter notre vie pour acquérir des richesses inutiles. Ce que nous appelons industrie, il l'appelle sujétion honteuse. Il compare le laboureur au bœuf qui trace péniblement son sillon. Ce que nous nommons les commodités de la vie, ils les nomme des jouets d'enfants ou des recherches de femmes. Il ne nous envie que nos armes. Quand l'homme peut abriter la nuit sa tête sous une tente de feuillage, quand il trouve à allumer du feu pour chasser les moustiques en été et se garantir du froid en hiver, lorsque ses chiens sont bons et la contrée giboyeuse, que saurait-il demander de plus à l'Être éternel?

A l'autre bord de la Saginaw, près des défrichements européens et pour ainsi dire sur les confins de l'ancien et du Nouveau Monde s'élève une cabane rustique plus commode que le wigwam du sauvage, plus grossière que la maison de l'homme policé. C'est la demeure du métis. Lorsque nous nous présentâmes pour la première fois à la porte de cette hutte à demi civilisée, nous fûmes tout surpris d'entendre dans l'intérieur une voix douce qui psalmodiait sur un air indien les cantiques de la pénitence. Nous nous arrêtâmes un moment pour écouter. Les modulations des sons étaient lentes et profondément mélancoliques; on reconnaissait aisément cette harmonie plaintive qui caractérise tous les chants de l'homme au désert. Nous entrâmes. Le maître était absent. Assise au milieu de l'appartement, les jambes croisées sur une natte, une jeune femme travaillait à faire des mocassins; du pied elle berçait un enfant dont le teint cuivré et les traits annonçaient la double origine. Cette femme était habillée comme une de nos paysannes, sinon que ses pieds étaient nus et que ses cheveux tombaient librement sur ses épaules. En nous apercevant elle se tut avec une sorte de crainte respectueuse. Nous lui demandâmes si elle était Française. « Non, répondit-elle en souriant. – Anglaise ? - Non plus, dit-elle; elle baissa les yeux et ajouta : Je ne suis qu'une sauvage. » Enfant de deux races, élevé dans l'usage de deux langues, nourri dans des croyances diverses et bercé dans des préjuges contraires, le métis forme un composé aussi inexplicable aux autres qu'à lui-même. Les images du monde lorsqu'elles viennent se réfléchir sur son cerveau grossier, ne lui apparaissent que comme un chaos inextricable dont son esprit ne saurait sortir. Fier de son origine européenne, il méprise le désert ; et pourtant il aime la liberté sauvage qui y règne. Il admire la civilisation et ne peut complètement se soumettre à son empire. Ses goûts sont en contradiction avec ses idées, ses opinions avec ses mœurs. Ne sachant comment se guider au jour incertain qui l'éclaire, son âme se débat péniblement dans les langes d'un doute universel. Il adopte des usages opposés; il prie à deux autels; il croit au Rédempteur du monde et aux amulettes du jongleur; et il arrive au bout de sa carrière sans avoir pu débrouiller le problème obscur de son existence.

Ainsi donc dans ce coin de terre ignoré du monde la main de Dieu avait déjà jeté les semences de nations diverses; déjà plusieurs races différentes, plusieurs peuples distincts se trouvent ici en présence.

Quelques membres exilés de la grande famille humaine se sont rencontrés dans l'immensité des bois, leurs besoins sont communs; ils ont à lutter ensemble contre les bêtes de la forêt, la faim, l'inclémence des saisons. Ils sont trente à peine au milieu d'un désert où tout se refuse à leurs efforts, et ils ne jettent les uns sur les autres que des regards de haine et de soupçon. La couleur de la peau, la pauvreté ou l'aisance, l'ignorance ou les lumières ont déjà établi parmi eux des classifications indestructibles ; des préjugés nationaux, des préjugés d'éducation et de naissance les divisent et les isolent.

Où trouver dans un cadre plus étroit un plus complet tableau des misères de notre nature? Il y manque cependant encore un trait.

Les lignes profondes que la naissance et l'opinion ont tracées entre la destinée de ces hommes, ne cessent point avec la vie, mais s'étendent au delà du tombeau. Six religions ou sectes diverses se partagent la foi de cette société naissante.

Le catholicisme avec son immobilité formidable, ses dogmes absolus, ses terribles anathèmes et ses immenses récompenses, l'anarchie religieuse de la Réforme, l'antique paganisme trouvent ici leurs représentants. On y adore déjà en six manières différentes l'Être unique et éternel qui a créé tous les hommes à son image. On s'y dispute avec ardeur le ciel que chacun prétend exclusivement son héritage, bien plus, au milieu des misères de la solitude et des maux du présent, l'imagination humaine s'y épuise encore à enfanter pour l'avenir d'inexprimables douleurs. Le luthérien condamne au feu éternel le calviniste, le calviniste l'unitaire et le catholique les enveloppe tous dans une réprobation commune.

Plus tolérant dans sa foi grossière, l'Indien se borne à exiler son frère d'Europe des campagnes heureuses qu'il se réserve. Pour lui, fidèle aux traditions confuses que lui ont léguées ses pères, il se console aisément des maux de la vie et meurt tranquille en rêvant aux forêts toujours vertes que n'ébranlera jamais la hache du pionnier, et où le daim et le castor viendront s'offrir à ses coups durant les jours sans nombre de l'éternité.

Après déjeuner nous allâmes voir le plus riche propriétaire du village, M. Williams. Nous le trouvâmes dans sa boutique occupé à vendre à des Indiens une multitude d'objets de peu de valeur tels que couteaux, colliers de verre, pendants d'oreilles. C'était pitié de voir comme ces malheureux étaient traités par leurs frères civilisés d'Europe. Du reste tous ceux que nous vîmes là rendaient une justice éclatante aux sauvages. Ils étaient bons, inoffensifs, mille fois moins enclins au vol que le blanc.

Alexis de Tocqueville

C'était dommage seulement qu'ils commençassent à s'éclairer sur le prix des choses. Et pourquoi cela, s'il vous plaît ? Parce que les bénéfices dans le commerce qu'on faisait avec eux devenaient tous les jours moins considérables. Apercevez-vous ici la supériorité de l'homme civilisé? L'Indien aurait dit dans sa simplicité grossière, qu'il trouvait tous les jours plus de difficultés à tromper son voisin. Mais le blanc découvre dans le perfectionnement du langage une nuance heureuse qui exprime la chose et sauve la honte.

En revenant de chez M. Williams nous eûmes l'idée de remonter la Saginaw à quelque distance pour aller tirer les canards sauvages qui peuplent ses rives. Comme nous étions occupés à cette chasse, une pirogue se détacha d'entre les roseaux du fleuve et des Indiens vinrent à notre rencontre pour considérer mon fusil qu'ils avaient aperçu de loin. J'ai toujours remarqué que cette arme, qui n'a cependant rien d'extraordinaire, m'attirait parmi les sauvages une considération toute spéciale. Un fusil qui peut tuer deux hommes en une seconde et part dans le brouillard, c'était suivant eux une merveille au-dessus de toute évaluation; un chef-d'œuvre sans prix. Ceux qui nous abordèrent témoignèrent suivant l'habitude une grande admiration. Ils demandèrent d'où venait mon fusil. Notre jeune guide répondit qu'il avait été fait de l'autre côté de la Grande Eau, chez les pères des Canadiens; ce qui ne le rendit pas, comme on peut le croire, moins précieux à leurs yeux. Ils firent observer cependant que comme le point visuel n'était pas placé au milieu de chaque canon, on ne devait pas être aussi sûr de son coup, remarque à laquelle j'avoue que je ne sus trop que répondre.

Le soir étant venu nous remontâmes dans le canot et, nous fiant à l'expérience que nous avions acquise le matin, nous partîmes seuls pour remonter un bras de la Saginaw que nous n'avions fait qu'entrevoir.

Le ciel était sans nuages, l'atmosphère pure et immobile. Le fleuve roulait ses eaux à travers une immense forêt, mais si lentement qu'il eût été presque impossible de dire de quel côté allait le courant. Nous avons toujours éprouvé que, pour se faire une idée juste des forêts du Nouveau Monde, il fallait suivre quelques-unes des rivières qui circulent sous leurs ombrages. Les fleuves sont comme de grandes voies par lesquelles la Providence a pris soin, dès le commencement du monde, de percer

Écrits datant du voyage en Amérique (1831-1832)

le désert pour le rendre accessible à l'homme. Lorsqu'on se fraye un passage à travers le bois, la vue est le plus souvent fort bornée. D'ailleurs le sentier même où vous marchez est une oeuvre humaine. Les fleuves au contraire sont des chemins qui ne gardent point de traces, et leurs rives laissent voir librement tout ce qu'une végétation vigoureuse et abandonnée à elle-même peut offrir de grands et de curieux spectacles.

Le désert était là tel qu'il s'offrit sans doute il y a six mille ans aux regards de nos premiers pères; une solitude fleurie, délicieuse, embaumée; magnifique demeure, palais vivant, bâti pour l'homme, mais où le maître n'avait pas encore pénétré. Le canot glissait sans efforts et sans bruit; il régnait autour de nous une sérénité, une quiétude universelles. Nous-mêmes, nous ne tardâmes pas à nous sentir comme amollis à la vue d'un pareil spectacle. Nos paroles commencèrent à devenir de plus en plus rares; bientôt nous n'exprimâmes nos pensées qu'à voix basse. Nous nous tûmes enfin, et relevant simultanément les avirons, nous tombâmes l'un et l'autre dans une tranquille rêverie pleine d'inexprimables charmes.

D'où vient que les langues humaines qui trouvent des mots pour toutes les douleurs, rencontrent un invincible obstacle à faire comprendre les plus douces et les plus naturelles émotions du cœur ? Qui peindra jamais avec fidélité ces moments si rares dans la vie où le bien-être physique vous prépare à la tranquillité morale et où il s'établit devant vos yeux comme un équilibre parfait dans l'univers, alors que l'âme, à moitié endormie, se balance entre le présent et l'avenir, entre le réel et le possible, quand, entouré d'une belle nature, respirant un air tranquille et tiède, en paix avec lui-même au milieu d'une paix universelle, l'homme prête l'oreille aux battements égaux de ses artères dont chaque pulsation marque le passage du temps qui pour lui semble ainsi s'écouler goutte à goutte dans l'éternité. Beaucoup d'hommes peut-être ont vu s'accumuler les années d'une. longue existence sans éprouver une seule fois rien de semblable à ce que nous venons de décrire. Ceux-là ne sauraient nous comprendre. Mais il en est plusieurs, nous en sommes assurés, qui trouveront dans leur mémoire et au fond de leur cœur de quoi colorer nos images et sentiront se réveiller en nous lisant le souvenir de quelques heures fugitives que le temps ni les soins positifs de la vie n'ont pu effacer.

Alexis de Tocqueville

Nous fûmes tirés de notre rêverie par un coup de fusil qui retentit tout à coup dans les bois. Le bruit sembla d'abord rouler avec fracas sur les deux rives du fleuve; puis il s'éloigna en grondant jusqu'à ce qu'il fût entièrement perdu dans la profondeur des forêts environnantes. On eût dit un long et formidable cri de guerre que poussait la civilisation dans sa marche.

Un soir en Sicile, il nous arriva de nous perdre dans un vaste marais qui occupe maintenant la place où jadis était bâtie la ville d'Hymère ; l'impression que fit naître en nous la vue de cette fameuse cité devenue un désert sauvage fut grande et profonde. Jamais nous n'avions rencontré sur nos pas un plus magnifique témoignage de l'instabilité des choses humaines et des misères de notre nature. Ici c'était bien encore une solitude, mais l'imagination, au lieu d'aller en arrière et de chercher à remonter vers le passé, s'élançait au contraire en avant et se perdait dans un immense avenir. Nous nous demandions par quelle singulière permission de la destinée, nous qui avions pu contempler les ruines d'empires qui n'existent plus et marcher dans des déserts de fabrique humaine, nous, enfants d'un vieux peuple, nous étions conduits à assister à l'une des scènes du monde primitif et à voir le berceau encore vide d'une grande nation. Ce ne sont point là les prévisions plus ou moins hasardées de la sagesse. Ce sont des faits aussi certains que s'ils étaient accomplis. Dans peu d'années ces forêts impénétrables seront tombées. Le bruit de la civilisation et de l'industrie rompra le silence de la Saginaw. Son écho se taira... Des quais emprisonneront ses rives, ses eaux qui coulent aujourd'hui ignorées et tranquilles au milieu d'un désert sans nom seront refoulées dans leur cours par la proue des vaisseaux. Cinquante lieues séparent encore cette solitude des grands établissements européens et nous sommes peut-être les derniers voyageurs auxquels il ait été donné de la contempler dans sa primitive splendeur, tant est grande l'impulsion qui entraîne la race blanche vers la conquête entière du Nouveau Monde.

C'est cette idée de destruction, cette arrière-pensée d'un changement prochain et inévitable qui donne suivant nous aux solitudes de l'Amérique un caractère si original et une si touchante beauté. On les voit avec un plaisir mélancolique; on se hâte en quelque sorte de les admirer. L'idée de cette grandeur naturelle et sauvage qui va finir se mêle aux superbes images que la marche triomphante de la civilisation fait naître. On se sent fier d'être homme et l'on éprouve en même temps je ne sais quel amer regret du pouvoir que Dieu nous a accordé sur la nature. L'âme est agitée par des idées, des sentiments contraires, mais toutes les impressions qu'elle reçoit sont grandes et laissent une trace profonde.

Nous voulions quitter Saginaw le lendemain 27 juillet; mais un de nos chevaux ayant été blessé par sa selle, nous nous décidâmes à rester un jour de plus. Faute d'autre manière de passer le temps nous fûmes chasser dans les prairies qui bordent la Saginaw au-dessous des défrichements. Ces prairies ne sont point marécageuses comme on pourrait le croire. Ce sont des plaines plus ou moins larges où le bois ne vient point quoique la terre soit excellente. L'herbe y est dure et haute de trois à quatre pieds. Nous ne trouvâmes que peu de gibier et revînmes de bonne heure. La chaleur était étouffante comme à l'approche d'un orage et les moustiques plus gênants encore que de coutume. Nous ne marchions qu'environnés par une nuée de ces insectes auxquels il fallait faire une guerre perpétuelle. Malheur à celui qui était obligé de s'arrêter. Il se livrait alors sans défense à un ennemi impitoyable. Je me rappelle avoir été contraint de charger mon fusil en courant, tant il était difficile de tenir un instant en place.

Comme nous traversions à notre retour la prairie, nous remarquâmes que le Canadien qui nous servait de guide suivait un petit sentier tracé et regardait avec le plus grand soin la terre avant d'y poser le pied. « Pourquoi donc prenez-vous donc tant de précautions, lui dis-je ; avez-vous peur de vous mouiller ? - Non, répondit-il. Mais j'ai pris l'habitude quand je traverse les prairies de regarder toujours où je mets le pied afin de ne pas marcher sur un serpent à sonnettes. - Comment diable, repris-je, en sautant dans le sentier, est-ce qu'il y a ici des serpents à sonnettes? - Oh vraiment oui, répliqua mon Normand d'Amérique avec un imperturbable sang-froid, *y en a tout plein.* » *Je* lui reprochai alors de ne pas nous avoir avertis plus tôt. Il prétendit que comme nous portions de bonnes chaussures et que le serpent à sonnettes ne mordait jamais au-dessus de la cheville du pied, il n'avait pas cru que nous courussions grand danger.

Alexis de Tocqueville

Je lui demandai si la blessure du serpent à sonnettes était mortelle. Il répondit qu'on en mourait toujours en moins de vingt-quatre heures, si on n'avait pas recours aux Indiens. Ceux-ci connaissaient un remède qui, donné à temps, sauvait, dit-il, le malade.

Quoi qu'il en soit, pendant tout le reste du chemin nous imitâmes notre guide et nous regardâmes comme lui à nos pieds.

La nuit qui succéda à ce jour brûlant fut une des plus pénibles que j'aie passées dans ma vie. Les moustiques étaient devenus si gênants que, bien qu'accablé de fatigue, il me fut impossible de fermer l'œil. Vers minuit l'orage qui menaçait depuis longtemps éclata enfin. Ne pouvant plus espérer m'endormir je me levai et fus ouvrir la porte de notre cabane pour respirer au moins la fraîcheur de la nuit. Il ne pleuvait point encore, l'air paraissait calme; mais la forêt s'ébranlait déjà et il en sortait de profonds gémissements et de longues clameurs. De temps en temps un éclair venait à illuminer le ciel. Le cours tranquille de la Saginaw, le petit défrichement qui borde ses rives, les toits de cinq ou six cabanes et la ceinture de feuillage qui nous enveloppait, apparaissaient alors un instant comme une évocation de l'avenir. Tout se perdait ensuite dans l'obscurité la plus profonde, et la voix formidable du désert recommençait à se faire entendre.

J'assistais avec émotion à ce grand spectacle, lorsque j'entendis soupirer à mes côtés, et à la lueur d'un éclair, j'aperçus un Indien appuyé comme moi sur le mur de notre demeure. L'orage venait sans doute d'interrompre son sommeil, car il promenait un oeil fixe et troublé sur les objets qui l'environnaient.

Cet homme craignait-il la foudre? Ou voyait-il dans le choc des éléments autre chose qu'une convulsion passagère de la nature? Ces fugitives images de civilisation qui surgissaient comme d'elles-mêmes au milieu du tumulte du désert, avaient-elles pour lui un sens prophétique? Ces gémissements de la forêt qui semblait se débattre dans une lutte inégale, arrivaient-ils à son oreille comme un secret avertissement de Dieu, une solennelle révélation du sort final réservé aux races sauvages? Je ne saurais le dire. Mais ses lèvres agitées paraissaient murmurer quelques prières, et tous ses traits étaient empreints d'une terreur superstitieuse.

Écrits datant du voyage en Amérique (1831-1832)

À cinq heures du matin, nous songeâmes au départ. Tous les Indiens des environs de Saginaw avaient disparu; ils étaient partis pour aller recevoir les présents que leur font annuellement les Anglais, et les Européens se livraient aux travaux de la moisson. Il fallut donc nous résoudre à repasser la forêt sans guide. L'entreprise n'était pas aussi difficile qu'on pourrait le croire. Il n'y a en général qu'un sentier dans ces vastes solitudes et il ne s'agit que de n'en pas perdre la trace pour arriver au but du voyage.

À cinq heures du matin donc, nous repassâmes la Saginaw; nous reçûmes les adieux et les derniers conseils de nos hôtes et, ayant tourné la tête de nos chevaux, nous nous trouvâmes seuls au milieu de la forêt. Ce n'est pas, je l'avoue, sans une impression grave que nous commençâmes à pénétrer sous ses humides profondeurs. Cette même forêt qui nous environnait alors s'étendait derrière nous jusqu'au Pôle et à la mer Pacifique. Un seul point habité nous séparait du désert sans bornes et nous venions de le quitter. Ces pensées au reste ne nous portèrent qu'à presser le pas de nos chevaux et au bout de trois heures nous arrivâmes auprès d'un wigwam abandonné et sur les bords solitaires de la rivière Cass. Une pointe de gazon qui s'avance sur le fleuve à l'ombre de grands arbres nous servit de table et nous nous mîmes à déjeuner, ayant en perspective la rivière dont les eaux limpides comme du cristal serpentaient à travers le bois.

Au sortir du wigwam de Cass-River nous rencontrâmes plusieurs sentiers. On nous avait indiqué celui qu'il fallait prendre, mais il est facile d'oublier quelques points ou d'être mal compris dans de pareilles explications. C'est ce que nous ne manquâmes pas d'éprouver ce jour-là. On nous avait parlé de deux chemins, il s'en trouvait trois; il est vrai que parmi ces trois chemins, il en était deux qui se réunissaient plus haut en un seul, comme nous le sûmes depuis, mais nous l'ignorions alors et notre embarras était grand.

Après avoir bien examiné, bien discuté, nous fîmes comme presque tous les grands hommes et agîmes à peu près au hasard. Nous passâmes le mieux que nous pûmes le fleuve à gué et nous nous enfonçâmes rapidement vers le sud-ouest. Plus d'une fois le sentier nous parut près de disparaître au milieu du taillis; dans d'autres endroits le chemin nous paraissait si peu fréquenté que nous avions peine à croire qu'il conduisît autre part qu'à quelque wigwam abandonné. Notre boussole, il est vrai, nous montrait que nous marchions toujours dans notre direction. Toutefois nous ne fûmes complètement rassurés qu'en découvrant le lieu où nous avions dîné trois jours auparavant. Un pin gigantesque dont nous avions admiré le tronc déchiré par le vent, nous le fit reconnaître. Nous n'en continuâmes pas cependant notre course avec moins de rapidité, car le soleil commençait à baisser. Bientôt nous parvînmes à la clairière qui précède d'ordinaire les défrichements et comme la nuit commençait à nous surprendre nous aperçûmes la rivière Flint. Une demi-heure après, nous nous trouvâmes à la porte de notre hôte. Cette fois l'ours nous accueillit comme de vieux amis et ne se dressa sur ses pieds que pour célébrer sa joie de notre heureux retour.

Durant cette journée tout entière nous ne rencontrâmes aucune figure humaine. De leur côté les animaux avaient disparu; ils s'étaient retirés sans doute sous le feuillage pour fuir la chaleur du jour. Seulement de loin en loin nous découvrions à la sommité dépouillée de quelque arbre mort, un épervier qui, immobile sur une seule patte et dormant tranquillement aux rayons du soleil, semblait sculpté dans le bois même dont il avait fait son appui.

C'est au milieu de cette profonde solitude que nous songeâmes tout à coup à la Révolution de 1830 dont nous venions d'atteindre le premier anniversaire. Je ne puis dire avec quelle impétuosité les souvenirs du 29 juillet s'emparèrent de notre esprit. Les cris et la fumée du combat, le bruit du canon, les roulements de la mousqueterie, les tintements plus horribles encore du tocsin, ce jour entier avec son atmosphère enflammée semblait sortir tout à coup du passé et se replacer comme un tableau vivant devant moi. Ce ne fut là qu'une illumination subite, un rêve passager. Quand, relevant la tête, je portai autour de moi mes regards, l'apparition s'était déjà évanouie ; mais jamais le silence de la forêt ne m'avait paru plus glacé, ses ombrages plus sombres, ni sa solitude si complète.

[Sur les grands lacs et aux chutes du Niagara]

31 juillet. - Arrivée à Détroit, Promenade le soir sur le quai. Rencontre d'un de nos passagers de l'Ohio. Il nous apprend que le Supérieur va arriver, allant à Green Bay. Nous changeons immédiatement de résolution nous (nous) déterminons à aller à Green Bay.

1er août. - Nous nous embarquons à 2 heures. Rivière de Détroit. Terres basses et cultivées. Maisons nombreuses. Lac Saint-Clair. Le soir, on danse sur le pont. Gaîté américaine.

2 août. - Le lendemain, nous sommes en vue de [...] situé à la sortie du lac Huron. Nous entrons dans cet immense lac. Le vent devient contraire. Nous avançons au fort et de là à Black River, deux milles plus loin pour chercher du bois. Visite au fort. Tenue des officiers et des soldats. Exercice. Insubordination.

3 août. - À 1 heure je vais pour chasser, dans des marais qui se trouvent de l'autre côté de la Rivière Saint-Clair. Nous allons d'abord au fort. Dans la forêt sur la route, le son d'un tambour sauvage. Des cris. Nous voyons venir huit sauvages tout nus à l'exception d'un petit pagne. (6 enfants, 2 hommes). Barbouillés de la tête aux pieds de couleurs. Les cheveux hérissés, pleins de bouts pendant en queue par derrière. Une massue de bois à la main, sautant comme des diables. Beaux hommes. Dansent pour s'amuser et gagner de l'argent. Nous leur donnons un shilling. C'est la War-dance Horrible à voir. Quelle dégradation. Autre danse à genoux la tête dans la terre. Nous ne savons comment poursuivre. Des huttes dans les marais de l'autre côté. Un canot se détache et vient. Navigation effrayante. Bonne chasse au marais.

4 août. - Nous partons à 6 heures du matin. Journée absolument insignifiante. Vers le soir, nous perdons toute terre de vue.

5 Août. - À 4 heures nous arrivons au bout du lac Huron. Nous apercevons dans le lointain quelques montagnes. Le fond du lac est parsemé d'une multitude innombrable de petites îles qui sortent comme des bosquets de dessus la surface. Parfaite solitude. Des forêts de tous les côtés. Pas la moindre trace de l'homme. Pas un vaisseau en

vue. En côtoyant l'île Saint-Joseph, ruines du fort de ce nom. Cheminées encore existantes. Nous entrons dans la Rivière Sainte-Marie. Tantôt large comme un lac, tantôt resserrée entre des îles et des pointes de terre couvertes de bois. Parfaite solitude.

De temps en temps une famille d'Indiens sur la rive, assis immobiles auprès de leur feu. Leur canot tiré sur la grève. Un grand canot monté de huit hommes vient vers nous. Les Indiens tirent des coups de fusil, poussent des cris de joie. Ils nous donnent des pigeons. Nous leur donnons de l'eau-de-vie. Au coucher du soleil nous entrons dans un canal fort étroit. Vue admirable. Instant délicieux. Les eaux de la rivière immobiles et transparentes. Une forêt superbe qui s'y réfléchit. Dans le lointain des montagnes bleues et illuminées par les derniers rayons du soleil. Feu des Indiens qui brille à travers les arbres. Notre vaisseau s'avance majestueusement au milieu de cette solitude, au bruit des fanfares que l'écho des bois renvoie de tous les côtés. A la nuit on met à l'ancre. Danse sur le pont. Étonnement et admiration des Indiens à la vue du premier vaisseau à vapeur *working in the water*.

6 août. - *Aujourd'hui* il y a un an, nous avons fait un Roi. Brouillard épais qui nous empêche de partir. Il se lève et découvre des collines et d'éternelles forêts. A 9 heures, arrivée à Sault-Sainte-Marie. Site délicieux. Temps admirable. Sainte-Marie, un carré palissadé avec un mât et un immense pavillon américain au milieu. Plus loin, deux pointes de terre couvertes de beaux arbres qui resserrent la rivière. Sous les arbres, des wigwams. Entre les pointes, les rapides. Plus loin des montagnes et d'interminables forêts. A notre arrivée toute la population sur le rivage et sur les toits des maisons. On ne voit qu'une fois par an un vaisseau comme le nôtre. Caractère singulier de cette population, mélange de tous les sangs. Les plus nombreux, les Canadiens, bois-brûlés ou métis. Nuances depuis l'Européen jusqu'au sauvage. Figures bariolées et peintes. Cheveux retroussés avec plumes. Nous prenons un canot indien pour aller au lac Supérieur. Visite au camp des Indian traders. (Voir plus bas). Ce qu'était ce canot d'écorce peint. Assis au fond, huit (en nous comptant) sérieux et immobiles. Aux deux bouts, un Canadien demi-sauvage, mais ayant retenu toute la gaîté de ses pères et faisant voler le canot en chantant et en disant de bons mots. Empressement des Indiens vers Mr. Mullon. Baptême dans la chambre du vaisseau. Singulier effet que cause sur nous cette langue française entendue à la fin du monde et avec ses vieilles tournures et son accent provincial: laridondaine, laridondon. De temps en temps: hou! ou: *marche*. Nous arrivons à la pointe aux chênes. Un petit village indien. Leur hutte: douze pieds de diamètre, six pieds de hauteur. Leurs chiens sauvages. Le chef demande à voir mon fusil (à piston). Costume du chef: pantalon rouge, une couverture, les cheveux retroussés sur le haut de la tête. Deux plumes dedans. Je tire mon fusil devant lui. Il admire et dit qu'il avait toujours entendu dire que les Français étaient une nation de grands guerriers. Je demande ce que c'est que ces plumes. Il me répond avec un sourire de joie que c'est le signe qu'il a tué deux Sioux (il est un *Sauteur*, nation toujours en guerre avec l'autre). Je lui fais demander une de ces plumes en lui disant que je la porterai dans le pays des grands guerriers et qu'on l'admirera. Il l'ôte aussitôt de ses cheveux et me la donne, puis étend sa main et me serre la mienne.

Nous revenons. Descente des rapides. Habileté incroyable des Canadiens. Passage à travers les rochers comme une flèche. La famille Johson (conversation oubliée) au camp des Indian traders. Un Anglais sec, froid, taciturne au milieu d'une foule de Canadiens et de sauvages qu'il mène trafiquer avec les Indiens du lac Supérieur. Les Canadiens nous entourent avec la franchise et la bonhomie des Français. Ils paraissent charmés de voir des Français. Nous leur demandons des renseignements sur les Indiens. Tous ceux qu'ils connaissent, et ils vont tous les ans jusqu'au fond du lac, portent le même habillement que ceux que nous avons vus. Pas voleurs. Serviables et hospitaliers. Amis des Européens qui leur fournissent des objets qui leur sont devenus indispensables. Bêtes féroces à la guerre. Tuent tout indistinctement. Scalpent, brûlent les prisonniers. Les Sauteurs et les Sioux, les deux nations rivales. Les chefs n'ont qu'une autorité nominale. Point de justice. Compensation ou vengeance particulière. Point de religion. La croyance de Dieu et d'un autre monde où ceux qui auront mal vécu auront à chasser dans des forêts sans gibier. Les autres dans des forêts pleines de gibier. Antipathie des Indiens pour la langue anglaise, leur goût pour les Français: dans les déserts les plus éloignés, les Indiens saluent les Européens en disant: Bonjour.

7 août. - Nous partons à 5 heures du matin. Nous traversons la pointe

du lac Huron sud-ouest. Flotte de 22 canots indiens passant en sens opposé et retournant chez eux après avoir reçu les présents des Anglais.

À 3 heures nous longeons Bois-Blanc et l'île Ronde et nous arrivons à Machinac. Ile de trois lieues de tour, assez élevée. Au sommet, les fortifications blanches d'un fort américain. Sur la côte une cinquantaine de maisons, plusieurs assez belles, appartenant à la compagnie américaine. Sur le rivage, grand nombre de huttes d'Indiens. Ils passent, venant des contrées éloignées, pour les présents. Deux églises. Nous prenons un guide canadien. Nous allons visiter la roche percée. Pittoresque. De là la pyramide paraît singulière par sa grandeur et sa forme. Nous revenons à 5 heures. B. va dessiner la grotte percée. Moi, je vais rôder, suivant mon usage. Je vais pour voir le curé, il n'y est pas. Madame Framboise, Sang indien. Détails intéressants sur sa vie. Femme très respectable. Lettre d'une jeune Indienne. Livre de prières indien. Un camp de Canadiens sur le rivage. Un bivouac autour du feu. Un Canadien à l'air et aux manières françaises. Gai, ouvert, énergique. Des bois-brûlés. Je m'assois à leur feu et cause avec eux. Leur chef, bois-brûlé, homme très intelligent. Détails qu'il me donne sur les sauvages. Meilleurs à mesure qu'ils s'éloignent des Européens, à moins qu'ils ne soient chrétiens. Dans le fond des déserts du Nord-Ouest, encore armés de flèches. Heureux là. Abondance extraordinaire de bêtes. Elles se retirent toujours à cent lieus en avant de la civilisation, Incapacité des Indiens pour sentir que la marche des Européens les atteindra tôt ou tard. Ils ne le sentent que lorsqu'il n'est plus temps d'y remédier. Chefs héréditaires. Différents du chef de guerre. Espèce de justice. On livre le meurtrier à la famille qui le tue ou reçoit son rachat. Point voleurs. Terribles à la guerre. Iroquois et Hurons à peu près disparus. Hurons presque détruits. Iroquois: les restes disséminés parmi les nations de ce côté-ci des lacs. Beaucoup à Green Bay.

Zèle catholique. Ardeur pour combattre les Presbytériens. Mr. Mullon venant remplir une espèce de défi. Efforts des Canadiens pauvres pour soutenir leur église et créer une école. Visite à Mr. (...) Retour au vaisseau à 11 heures. Au retour, une hutte de sauvages. Famille qui chante un cantique de l'église en indien.

***

Écrits datant du voyage en Amérique (1831-1832)

Conversation avec des Canadiens (commerçant avec les Indiens).

Le 7 août au soir, me promenant sur le rivage de Mackinac, j'arrivai à un bivouac de Canadiens. Je m'assis à leur feu et j'eus avec leur chef la conversation suivante. (Je n'ai pris dans cette conversation que ce qui s'accordait avec toutes les notions que j'avais déjà reçues):

D. - Que sont devenus les Hurons et les Iroquois qui ont joue un si grand rôle dans l'histoire des colonies?

R. - Les Hurons ont presque disparu. Les Iroquois à moitié détruits aussi, se sont fondus presque tous avec les Chippeways. Beaucoup sont établis à Green Bay et dans les environs. Les Iroquois formaient une nation astucieuse, toujours prête à se mettre de notre côté ou de celui des Anglais suivant que la fortune semblait pencher.

D. - Avez-vous quelque chose à craindre des Indiens en commerçant avec eux?

R. - Presque rien. Les Indiens ne sont pas voleurs et d'ailleurs nous leur sommes utiles.

D. - Pensez-vous que les Indiens soient -meilleurs ou plus mauvais en proportion qu'ils sont plus pris ou plus éloignés des Européens?

R. - Je pense qu'ils sont beaucoup meilleurs quand ils n'ont point de contact avec nous, et certainement plus heureux. Il y a plus d'ordre, plus de gouvernement chez eux, à mesure qu'on avance davantage dans le désert. Je fais cependant une exception pour les Indiens chrétiens et surtout catholiques. Ceux-là sont les meilleurs de tous.

D. - Les Indiens éloignés dont vous parlez ont-ils des chefs ?

R. - Oui, Monsieur, ils ont des chefs dont le pouvoir est très respecté pendant la paix. (Ils sont héréditaires et leur origine se perd dans la nuit des temps.) lis nomment un chef particulier (le plus brave) pour les mener à la guerre. Ils n'ont pas précisément de justice. Lorsque cependant un meurtre est commis, on livre le meurtrier à la famille du mort. Souvent il parvient à se racheter. Plus souvent encore on le tue et on l'enterre avec sa victime.

D. - Comment vivent ces Indiens dont vous parlez?

R. - Avec une aisance absolument inconnue près des établissements européens. Ils ne cultivent point la terre. Ils sont moins bien couverts et ne se servent que d'arcs. Mais le gibier est d'une abondance extrême dans leurs déserts. Je me figure qu'il en était ainsi jusqu'à l'Atlantique avant l'arrivée des Européens. Mais le gibier fuit vers l'ouest avec une rapidité incroyable. Il précède les blancs de plus de cent lieues. Les peuplades indiennes qui nous environnent meurent de faim si elles ne cultivent pas un peu la terre.

D. - Est-ce que les Indiens n'ont pas l'idée que tôt ou tard leur race sera anéantie par la nôtre?

R. - Ils ont une incroyable insouciance de l'avenir. Ceux qui sont à moitié détruits déjà, ou sur les pas desquels nous marchons, voient avec désespoir les Européens s'avancer vers l'ouest, mais il n'est plus temps de résister. Toutes les nations éloignées de l'Ouest, (J'ai entendu dire qu'il y en avait bien trois millions (?) ne semblent pas se douter du danger qui les menace.

D. - Est-il vrai que les Indiens aiment les Français?

R. - Oui, - Monsieur. Extrêmement. Ils ne consentent à parler que le français. Dans les déserts les plus éloignés la qualité de Français est la meilleure recommandation près d'eux. Ils se rappellent toujours nos bons traitements lorsque nous étions maîtres du Canada. D'ailleurs beaucoup d'entre nous leur sont alliés et vivent presque comme eux.

D. - Comment les Français du Canada souffrent-ils la domination anglaise?

R. - Comme un mal inévitable. Mais nous ne nous fondons point. Nous restons deux peuples distincts. La population française du Canada est devenue très nombreuse.

8 août. - Journée insignifiante passée sur l'eau. De temps en temps, à droite et à gauche, des terres basses couvertes de forêts. [1]

9 août. - Arrivée à 8 heures du matin à Green Bay. Fort. Village sur le bord au milieu d'une prairie sur le bord d'une rivière. Village indien iroquois plus haut. Grand *seulement*. Nous ne savons que faire, je vais chasser seul. Rivière traversée à la nage. Canot. Herbes au fond de l'eau. Je me perds un moment, retourne au même endroit sans m'en douter. Après le dîner, pars avec un Anglais pour Ducks Creek: 4 milles. Nous remontons en canot un petit fleuve solitaire. Arrive à la maison d'une Indienne. Herbe. Bonne aventure. Nous revenons.

11 août. - *Conversation* avec un sauvage civilisé, habillé comme un de nos paysans. Parle bien l'anglais. Les sauvages aiment mieux les Français; ses idées sur la vie civilisée; espère que tous les Indiens s'y plieront. N'est pas chrétien. Religion des Indiens. Dieu, immortalité de l'âme. Le paradis indien. Obéir à ses commandements.

Journée monotone sur le lac.

12 août. - Arrivée à 11 heures à Machinac.

Sauvage *pharo*. Chapeau européen, plume noire autour. Cercle de fer blanc autour du haut. Trois plumes de voltigeur au sommet. Immenses boucles d'oreilles. Nez percé, un anneau dedans. Cravate noire. Blouse bleue. Grand collier composé de plaques de fer blanc avec des animaux graves, anneaux de fer blanc aux jambes, jarretières rouges avec une multitude de petites perles de verre. Mocassins brodés. Un manteau rouge avec lequel il se drape. Opinion d'un vieux Canadien qu'ils sont plus beaux dans leur costume sauvage, entièrement nus sauf les plumes à la ceinture et à la tête. Longs cheveux tressés souvent jusqu'aux pieds. Tout le corps peint. Chasse aux pigeons. Canadian pointer. Sermon de Mr. Mullon.

13 août. - Départ à 9 heures de Machinac. Rien d'intéressant dans le

---

1 *Voyages I, pp. 176-177.*

Alexis de Tocqueville

retour. Arrivé le dimanche 14 au soir à Détroit.

***

À M. Le Comte de Tocqueville [1]

Sur le lac Huron, 14 août 1831.

Dans la dernière lettre que j'écrivais à la maison, mon cher père, je vous disais que j'allais partir pour Buffaloe, et de là me diriger vers Boston par le Canada. C'était, en effet, notre intention. Mais il était écrit, à ce qu'il paraît, que nous n'accomplirions pas nos projets. En allant porter nos lettres à la poste, nous avons appris qu'il venait d'arriver un grand vaisseau à vapeur, dont la destination était d'explorer rapidement tous les grands lacs, et de revenir ensuite à Buffaloe : le tout bien commodément et en douze jours. Nous nous laissâmes tenter. Au lieu donc de partir le lendemain matin de Buffaloe, comme nous le voulions, nous nous sommes embarqués pour le lac Supérieur : c'est-à-dire que nous avons ajouté à peu près quinze cents milles ou cinq cents lieues de France à notre plan originaire. (...)

Nous avons remonté rapidement le lac Saint-Clair et la rivière du même nom, et après avoir été arrêtés un jour à l'entrée du lac Huron par les vents contraires et le manque de bois, nous sommes entrés enfin dans cet immense lac, qui ressemble en tout à la mer, sinon que ses eaux sont d'une limpidité merveilleuse et laissent voir les objets à trente pieds de leur surface. Nous marchâmes deux jours et une nuit sur le lac Huron, faisant nos trois lieues à l'heure et ne pouvant en trouver la fin. Le matin du troisième jour nous découvrîmes pour la première fois un lieu habité par les blancs. C'est le Saut- Sainte- Marie (sic), situé sur la rivière du même nom, qui joint le lac Supérieur au lac Huron. Là nous jetâmes l'ancre et descendîmes à terre. L'immense étendue de côtes que nous venions de parcourir ne présente pas de points de vue remarquables. Ce sont des plaines couvertes de forêts. L'ensemble, cependant, produit une impression profonde et durable. Ce lac sans voiles, cette côte qui

1 "Cette lettre, comme les autres écrites d'Amérique, a été publiée par les soins de Gustave de Beaumont dans *La Nouvelle correspondance entièrement inédite d'Alexis de Tocqueville,* Michel Lévy, *1866.* Voir page 47 et suivantes. Les coupures au texte sont de Gustave de Beaumont.

Écrits datant du voyage en Amérique (1831-1832)

ne porte encore aucun vestige du passage de l'homme, cette éternelle forêt qui la borde: tout cela, je vous assure, n'est pas seulement grand en poésie. C'est le plus extraordinaire spectacle que j'aie vu dans ma vie. Ces lieux, qui ne forment encore qu'un immense désert, deviendront un des pays les plus riches et les plus puissants du monde. On peut l'affirmer sans être prophète. La nature a tout fait ici; une terre fertile, des débouchés comme il n'y en a pas d'autres dans le monde. Rien ne manque que l'homme civilisé: et il est à la porte.

Je reviens au Saut-Sainte-Marie. En cet endroit, la rivière n'est plus navigable. Notre vaisseau s'arrêta: mais non pas nous. Les Indiens ont appris aux Européens à faire des canots d'écorce, que deux hommes portent sur leurs épaules. Je rapporte un peu de l'écorce avec laquelle ces embarcations sont faites. Vous penserez comme moi que celui qui le premier s'est embarqué là dedans était un hardi compère. Les sauvages font un canot de cette espèce en cinq jours de temps. C'est une chose effrayante à voir qu'une pareille coquille de noix lancée au milieu des récifs de la rivière Sainte-Marie et descendant les *Rapides* avec la vitesse d'une flèche. Le fait est cependant qu'il n'y a aucun danger, et je m'y suis trouvé plus d'une fois déjà avec des dames, sans que personne témoignât la moindre crainte. Dans la circonstance actuelle on mit les canots sur le dos des bateliers, et ayant gagné le dessus des Rapides, nous lançâmes nos embarcations et nous nous couchâmes au fond. Toute la population de Sainte-Marie est française. Ce sont de vieux Français gais et en train comme leurs pères et comme nous ne le sommes pas. Tout en conduisant nos canots, ils nous chantaient de vieux airs qui sont presque oubliés maintenant chez nous. Nous avons retrouvé ici le Français d'il y a un siècle, conservé comme une momie pour l'instruction de la génération actuelle.

Ayant remonté pendant près de trois lieues la rivière Sainte-Marie, nous nous fîmes descendre sur un promontoire qu'on nomme le cap aux Chênes. De là nous eûmes enfin le spectacle du lac Supérieur, se développant à perte de vue. Il n'existe encore aucun établissement sur ses rives, et les *Rapides* empêchent qu'aucun vaisseau ne l'ait encore traversé; ensuite... Mais si je raconte les choses en détail, je n'en finirai jamais; il faudrait vous écrire un volume, et le temps me presse. Après avoir conversé longtemps avec les Indiens qui habitent ce lieu,

Alexis de Tocqueville

nous revînmes à notre bateau. De Sainte-Marie nous descendîmes à Michillimachinac, île située à l'entrée du lac Michigan. De là nous sommes allés à Green-Bay, qui est à soixante lieues plus bas dans le lac Michigan. Après avoir fait quelques excursions dans Fox-River (ou rivière du Renard) et tué quelque gibier, nous nous sommes remis en route et nous voici. Je ne crois pas qu'il existe en France une seule personne qui ait fait le même voyage. Les Canadiens nous ont assuré n'avoir jamais vu de Français. Si je pouvais jamais faire comprendre ce que j'ai vu et éprouvé dans le cours de cette rapide excursion, ce tableau pourrait avoir de l'intérêt. J'ai essayé de le faire et suis découragé. Les impressions se succèdent trop vite. Je n'aimerais à raconter ce que j'ai vu qu'au coin du feu...

17 août.

J'arrive à Buffaloe. On m'assure qu'il y a encore des chances pour que ma lettre parte pour New York et y arrive à temps pour le paquebot. Je me hâte donc de la fermer, mais non sans vous embrasser bien fort.

Nous sommes bien près de votre fête, mon cher père. Soyez sûr qu'au moment où on vous la souhaitera, je serai de cœur avec vous.

***

À Madame La Comtesse de Tocqueville

21 août 1831, sur le lac Ontario.

J'ai écrit sur le lac Érié une lettre à mon père, ma chère maman, qui a dû vous faire connaître le voyage non prémédité que nous avons entrepris et achevé dans la première quinzaine de ce mois. Nous avons trouvé à Buffaloe vos lettres du 27 mai dernier, qui, malgré leur date bien vieille, nous ont fait un plaisir inexprimable. J'étais privé depuis si longtemps du bonheur de voir de votre écriture à tous ! Je ne puis vous dire combien je suis touché, ma chère maman, de recevoir ainsi chaque courrier une lettre de vous. Je sais qu'écrire vous fatigue, et vos lettres me sont doublement chères quand je pense à ce qu'elles vous ont coûté. Remerciez aussi toute la maison de ma part...

Écrits datant du voyage en Amérique (1831-1832)

Nous ne sommes restés qu'une heure à Buffaloe, et nous nous sommes aussitôt dirigés vers Niagara. À deux lieues, le bruit de la chute ressemblait déjà à un orage. Niagara en indien veut dire *Tonnerre des eaux*. On ne pouvait trouver une expression plus magnifique ni plus juste. Les langues indiennes sont pleines de ces sortes d'images, et bien autrement poétiques que les nôtres. Mais pour en revenir au Niagara, nous avancions donc au bruit, sans pouvoir concevoir que nous fussions si près de la chute.

Rien, en effet, ne l'annonce aux yeux. Un grand fleuve (qui n'est autre chose que l'écoulement du lac Érié) coule lentement au milieu d'une plaine. On n'aperçoit à l'horizon ni rocher, ni montagne. Il en est ainsi jusqu'à l'endroit même de la cataracte. Il faisait nuit close lorsque nous y sommes arrivés; et nous avons remis au lendemain notre première visite.

Le lendemain matin, 18 août, nous nous y sommes rendus par le plus admirable temps du monde...

Je ferais nécessairement du *pathos*, ma chère maman, si j'entreprenais la description du spectacle que nous eûmes alors sous les yeux. La chute du Niagara est, à mon avis, supérieure à tout ce qu'on en a dit et écrit en Europe, ainsi qu'à toutes les idées que l'imagination s'en forme d'avance. Le fleuve se divise en deux lorsqu'il arrive près du gouffre qui est ouvert devant lui et forme deux chutes qui se trouvent séparées par une petite île. La plus large forme un fer à cheval qui a un quart de lieue de développement, c'est-à-dire plus de deux fois la largeur de la Seine. Le fleuve, arrivé là, se précipite d'un seul jet à 149 pieds de profondeur. La vapeur qui s'en élève ressemble à un nuage, sur lequel repose un immense arc-en-ciel. On parvient très-facilement jusqu'à une pointe de rocher presque entièrement environnée d'eau, et qui s'avance sur le gouffre. Rien n'égale la sublimité du coup d'œil dont on jouit en cet endroit, surtout la nuit (comme nous l'avons vu), lorsqu'on n'aperçoit plus le fond de l'abîme, et que la lune jette un arc-en-ciel sur le nuage. Je n'avais jamais vu d'arc-en-ciel nocturne. Il a la même forme que celui du jour, mais est parfaitement blanc. Je l'ai vu passant d'un bord à l'autre, par-dessus le gouffre. Une entreprise qu'on croirait difficile au premier abord et dont cependant l'exécution est aisée, c'est de pénétrer environ cent pas sous la nappe d'eau. Parvenu là, une saillie du rocher empêche d'aller plus loin. Il règne en cet endroit une obscurité profonde et terrible, qui, par moments, vient à s'éclaircir; et alors on aperçoit le fleuve tout entier qui semble descendre sur votre tête. Il est difficile de rendre l'impression produite par ce rayon de lumière, lorsque, après vous avoir laissé entrevoir, pour un instant, le vaste chaos qui vous environne, il vous abandonne de nouveau au milieu des ténèbres et du fracas de la cataracte. Nous sommes restés un jour franc à Niagara. Hier nous nous sommes embarqués sur le lac Ontario...

D'après cette description et l'admiration que nous avons ressentie à Niagara, vous croyez peut-être, ma chère maman, que nous nous trouvons dans un état d'esprit fort tranquille et fort heureux. Il n'en est rien, je vous jure. Jamais, au contraire, je ne me suis senti en proie à une mélancolie plus profonde. J'ai trouvé à Buffaloe beaucoup de journaux qui parlent de l'état de l'Europe et de la France. En rapprochant toutes les petites circonstances qu'ils relatent, je suis demeuré convaincu qu'une crise chez nous était imminente et que la guerre civile était prochaine, traînant à sa suite tant de périls pour ceux même qui me sont les plus chers... Ces images viennent se placer entre moi et tous les objets, et je ne puis me voir, sans une profonde tristesse et une sorte de honte, occupé à admirer des cascades en Amérique, tandis que la destinée de tant de personnes que j'aime est peut-être, en cet instant même, compromise.

**

[Montréal et Québec]

Conversation avec Mr. Quiblier, supérieur du Séminaire de Montréal. [1]

Mr. Quiblier nous a paru un ecclésiastique aimable et éclairé (24 août 1831). C'est un Français venu de France il y a quelques années.

Lui. - Je ne crois pas qu'il y ait un peuple plus heureux au monde que le peuple canadien. Il a des mœurs très douces, point de dissensions civiles ni religieuses et ne paie aucun impôt.

D. - Mais n'existe-t-il pas ici quelque reste du système féodal?

R. - Oui, mais c'est plutôt un nom qu'autre chose. La plus grande partie du Canada est encore divisée en *seigneuries*. Ceux qui habitent ou achètent une terre sur ces seigneuries sont tenus de payer une rente au seigneur et des droits de mutation. Mais la rente n'est qu'une bagatelle. Le seigneur n'a aucun droit honorifique, aucune supériorité quelconque sur son censitaire. Je pense qu'il est vis-à-vis de lui dans une position relative moins élevée que le propriétaire d'Europe et son fermier.

D. - Comment se couvrent les frais du culte?

R. - Par la dîme. Le clergé en général n'a point de propriété foncière. Ce qu'on appelle la dîme est la vingt-sixième

partie de la moisson. Elle est payée sans répugnance comme sans peine.

D. - Avez-vous des couvents d'hommes?

R. - Non. Il n'y a au Canada que des couvents de filles. Encore les religieuses mènent-elles toutes une vie active, élevant les enfants ou soignant les malades.

D. - Avez-vous la liberté de la presse?

---

1 Voyages I, pp. 77 - 78.

Alexis de Tocqueville

R. - Liberté complète illimitée.

D. - A-t-on quelquefois essayé de la tourner contre la religion?

R. - Jamais. La religion est trop respectée pour qu'un journaliste se permît de l'attaquer le moins du monde.

D. - Les classes élevées de la société sont-elles religieuses ?

R. - Oui, beaucoup.

D. - Y a-t-il de l'animosité entre les deux races?

R. - Oui. Mais pas vive. Elle ne s'étend pas jusqu'aux rapports habituels de la vie. Les Canadiens prétendent que le gouvernement anglais ne donne les places qu'à des Anglais, les Anglais se plaignent au contraire qu'il favorise les Canadiens. Je crois qu'il y a de part et d'autre exagération dans les plaintes. En général il y a peu d'animosité religieuse entre les deux peuples, la tolérance légale étant complète.

D. - Pensez-vous que cette colonie échappe bientôt à l'Angleterre?

R. - Je ne le pense point. Les Canadiens sont heureux sous le régime actuel. Ils ont une liberté politique presque aussi grande que celle dont on jouit aux États-Unis. S'ils devenaient indépendants, il y a une multitude de dépenses publiques qui tomberaient à leur charge; s'ils se réunissaient aux États-Unis, ils craindraient que leur population ne fût bientôt absorbée dans un déluge d'émigration et que leurs ports, fermés pendant quatre mois de l'année, ne tombassent à rien s'ils étaient privés du marché de l'Angleterre.

D. - Est-il vrai que l'instruction se répand?

R. - Depuis plusieurs années il s'est fait un changement complet sous ce rapport. L'impulsion est maintenant donnée et la race canadienne qui s'élève ne ressemblera pas à celle qui existe.

D. - Ne craignez-vous point que ces lumières ne nuisent au principe religieux?

R. - On ne peut encore savoir l'effet qui sera produit. Je crois cependant que la religion n'a rien à en craindre.

D. - La race canadienne s'étend-elle ?

R. - Oui. Mais lentement et de proche en proche. Elle n'a point cet esprit aventureux et ce mépris des liens de naissance et de famille qui caractérisent les Américains. Le Canadien ne s'éloigne qu'à la dernière extrémité de son clocher et de ses parents et il va s'établir le plus près possible. Cependant le mouvement est grand, comme je le disais, et il centuplera je pense avec l'accroissement des lumières.

***

Conversation avec MM. Mondelet

(24 août 1831).

MM. Mondelet sont avocats à Montréal. Ce sont des jeunes gens intelligents et de bon sens.

D. - Dans quelle proportion la population française est-elle à la population anglaise dans le Canada ?

R. - Neuf à dix. Mais presque toute la richesse et le commerce est dans les mains des Anglais. lis ont leur famille

et leurs relations en Angleterre et trouvent des facilités que nous n'avons pas.

D. - Avez-vous beaucoup de journaux en langue française ?

R. - Deux.

D. - Dans quelle proportion leurs abonnés sont-ils avec les abonnés des journaux anglais?

Alexis de Tocqueville

R. - 800 sur 1.300.

D. - Ces journaux ont-ils de l'influence?

R. - Oui. Une influence très marquée quoique moins grande que celle qu'on dit qu'ils obtiennent en France.

D. - Quelle est la position du clergé? Avez-vous remarqué en lui la tendance politique qu'on l'accuse d'avoir en Europe?

R. - Peut-être peut-on reconnaître en lui une tendance secrète à gouverner ou diriger, mais c'est très peu de chose. En général, notre clergé est éminemment national. Ceci est en partie un résultat des circonstances dans lesquelles il s'est trouvé placé. Dans les premiers temps de la conquête et jusqu'à nos jours, le gouvernement anglais a sourdement travaillé à changer les opinions religieuses des Canadiens afin

d'en faire un corps plus homogène avec les Anglais. Les intérêts de la religion se sont donc trouvés opposés à ceux du gouvernement et d'accord avec ceux du peuple. Toutes les fois qu'il s'est agi de lutter contre les Anglais, le clergé a donc été à notre tête ou dans nos rangs. Il est resté aimé et respecté de tous. Loin de s'opposer aux idées de liberté, il les a prêchées lui-même. Toutes les mesures en faveur de l'instruction publique que nous avons prises presque de force et malgré l'Angleterre, ont trouvé un appui dans le clergé. Au Canada ce sont les protestants qui soutiennent les idées aristocratiques. On accuse les catholiques d'être démagogues. Ce qui me fait croire que le caractère politique de nos prêtres est spécial au Canada, c'est que les prêtres qui nous arrivent de temps en temps de France montrent au contraire pour le pouvoir une condescendance et un esprit de docilité que nous ne pouvons concevoir.

D. - Les mœurs sont-elles pures au Canada?

R. - Oui, très pures.

***

Écrits datant du voyage en Amérique (1831-1832)

Canada

25 août 1831[1]

Apparence extérieure: Le Canada est sans comparaison la portion de l'Amérique jusqu'ici visitée par nous, qui a le plus d'analogie avec l'Europe et surtout la France. Les bords du fleuve Saint-Laurent sont parfaitement cultivés et couverts de maisons et de villages, en tout semblables aux nôtres. Toutes les traces de la *wilderness* ont disparu; des champs cultivés, des clochers, une population aussi nombreuse que dans nos provinces l'a remplacée.

Les villes, et en particulier Montréal (nous n'avons pas encore vu Québec) ont une ressemblance frappante avec nos villes de province. Le fond de la population et l'immense majorité est partout française. Mais il est facile de voir que les Français sont le peuple vaincu. Les classes riches appartiennent pour la plupart à la race anglaise. Bien que le français soit la langue presque universellement parlée, la plupart des journaux, les affiches, et jusqu'aux enseignes des marchands français sont en anglais. Les entreprises commerciales sont presque toutes en leurs mains. C'est véritablement la classe dirigeante au Canada. Je doute qu'il en soit longtemps ainsi. Le clergé et une grande partie des classes non pas riches, mais éclairées, est français, ils commencent à sentir vivement leur position secondaire. Les journaux français que j'ai lus font contre les Anglais une opposition constante et animée. Jusqu'à présent le peuple ayant peu de besoins et de passions intellectuelles et menant une vie matérielle fort douce, n'a que très imparfaitement entrevu sa position de nation conquise et n'a fourni qu'un faible point d'appui aux classes éclairées. Mais depuis quelques années, la Chambre des Communes, presque toute canadienne, a pris des mesures pour répandre à profusion l'instruction. Tout annonce que la nouvelle génération sera différente de la génération actuelle, et si d'ici à quelques années, la race anglaise n'augmente pas prodigieusement par les émigrations et ne parvient pas à *parquer* les Français dans l'espace qu'ils occupent aujourd'hui, les deux peuples se trouveront en présence. Je

1 D'après George Wilson Pierson (op. cit., p. 318), Tocqueville et Beaumont ont quitté Montréal dans l'après-midi du 24 août à bord du John Molson.

    Les remarques générales sur le Canada (Voyages I, pp. 210-211) auraient été écrites le lendemain matin, comme le bateau approchait de Québec.

Alexis de Tocqueville

ne puis croire qu'ils se fondent jamais, ni qu'il puisse exister une union indissoluble entre eux. J'espère encore que les Français, en dépit de la conquête, arriveront un jour à former à eux seuls un bel empire dans le Nouveau Monde, plus éclairés peut-être, plus moraux et plus heureux que leurs pères. Pour le moment actuel, cette division entre les races est singulièrement favorable à la domination de l'Angleterre.

Conversation avec Mr. ... à Québec (négociant).

D. - Pensez-vous avoir quelque chose à craindre des *Canadiens?*

R. - Non. Les avocats et les riches qui appartiennent à la race française détestent les Anglais. Ils font une opposition violente contre nous dans leurs journaux et dans leur Chambre des Communes. Mais c'est du bavardage et voilà tout. Le fond de la population canadienne n'a point de passions politiques et d'ailleurs presque toute la richesse est dans nos mains.

D. - Mais ne craignez-vous pas que cette population nombreuse et compacte aujourd'hui sans passion n'en ait demain ?

R. - Notre nombre augmente tous les jours, nous n'aurons bientôt rien à craindre de ce côté. Les Canadiens ont plus de haine encore contre les Américains que contre nous.

Note: En parlant des Canadiens il se peignait sur la physionomie flegmatique de Mr... un sentiment de haine et de mépris très visible. Il est rare qu'on parle avec tant de passion de ceux dont on ne redoute rien.

26 août 1831

***

27 août 1831.

Le pays entre Montréal et Québec a l'apparence d'être aussi peuplé que nos belles provinces d'Europe. De plus, le fleuve est magnifique.

Écrits datant du voyage en Amérique (1831-1832)

Québec est dans une position très pittoresque, entouré de campagnes riches et fertiles. Je n'ai jamais vu en Europe de tableau plus animé que celui que présentent les environs de Québec.

Toute la population ouvrière de Québec est française. On n'entend parier que du français dans les rues. Cependant, toutes les enseignes sont anglaises; il n'y a que deux théâtres qui sont anglais. L'intérieur de la ville est laid, mais n'a aucune analogie avec les villes américaines. Il ressemble d'une manière frappante à l'intérieur de la plupart de nos villes de province.

Les villages que nous avons vus aux environs ressemblent extraordinairement à nos beaux villages. On n'y parle que le français. La population y paraît heureuse et aisée. Le sang y est remarquablement plus beau qu'aux États-Unis. La race y est forte, les femmes n'ont pas cet air délicat et maladif qui caractérise la plupart des Américaines.

La religion catholique n'est accompagnée ici d'aucun des accessoires qu'elle a dans les pays du midi de l'Europe où elle règne avec le plus d'empire. Il n'y a point de couvents d'hommes et les couvents de femmes ont des buts d'utilité et donnent des exemple de charité vivement admirés par les Anglais eux-mêmes. On ne voit point de *madone* sur les chemins. Point d'ornements bizarres et ridicules, point d'ex-votos dans les églises. La religion (est) éclairée et le catholicisme ici n'excite ni la haine ni les sarcasmes des protestants. J'avoue que pour ma part, elle satisfait plus à mon esprit que le protestantisme des États-Unis. Le curé est bien véritablement ici le pasteur du troupeau; ce n'est point un entrepreneur d'industrie religieuse comme la plupart des ministres américains. Ou il faut nier l'utilité d'un clergé, ou l'avoir comme au Canada.

J'ai été aujourd'hui au cabinet de lecture. Presque tous les journaux imprimés au Canada sont en anglais. Ils ont la dimension à peu près de ceux de Londres. Je ne les ai point encore lus. Il paraît à Québec un journal appelé la *Gazette,* semi-anglais, semi-français; et un journal absolument français appelé le *Canadien.* Ces journaux ont à peu près la dimension de nos journaux français. J'en ai lu avec soin plusieurs numéros: ils font une opposition violente au gouvernement et même à tout ce qui est anglais. Le *Canadien* a pour épigraphe: *notre Religion, notre langue, nos lois. Il* est difficile d'être plus franc. Le contenu répond au titre. Tout ce qui peut enflammer les grandes et les petites passions populaires contre les Anglais est relevé avec soin dans ce journal. J'ai vu un article dans lequel on disait que le Canada ne serait jamais heureux jusqu'à ce qu'il eût une administration canadienne de naissance, de principe, d'idées, de préjugés même, et que si le Canada échappait à l'Angleterre, ce ne serait pas pour devenir anglais. Dans ce même journal se trouvaient des pièces de vers français assez jolis. On y rendait compte de distributions de prix où les élèves avaient joué *Athalie, Zaïre, la Mort de César.* En général le style de ce journal est commun, Mêlé *d'anglicismes et de tournures* étranges. Il ressemble beaucoup aux journaux publiés dans le canton de Vaud en Suisse. Je n'ai encore vu dans le Canada aucun homme de talent, ni lu une production qui en fît preuve. Celui qui doit remuer la population française, et la lever contre les Anglais n'est pas encore né.

Les Anglais et les Français se fondent si peu que les seconds gardent exclusivement le nom de *Canadiens,* les autres continuant à s'appeler Anglais.

***

Visite à l'un des tribunaux civils de Québec.

Nous entrâmes dans une salle spacieuse remplie de gradins sur lesquels se tenait une foule dont toutes les apparences étaient françaises. Au fond de la salle étaient peintes en grand les armes britanniques. Au-dessous de ce tableau était place le juge en robe et en rabat. Devant lui étaient rangés les avocats.

Au moment où nous parvînmes dans cette salle, on plaidait une affaire de diffamation. Il s'agissait de faire condamner à l'amende un homme qui avait traité un autre de pendard et de crasseux. L'avocat plaidait en anglais. Pendard, disait-il en prononçant le mot avec un accent tout britannique, signifie un homme qui a été pendu. Non, reprenait gravement le juge, mais qui mérite de l'être. À cette parole l'avocat du défenseur se levait avec indignation et plaidait sa cause en français, son adversaire lui répondait en anglais. On s'échauffait de part et d'autre dans les deux langues sans se comprendre sans doute parfaitement. L'Anglais s'efforçait de temps en temps d'exprimer ses idées en français pour suivre de plus près son adversaire; ainsi faisait aussi parfois celui-ci. Le juge s'efforçait tantôt en français, tantôt en anglais, de remettre l'ordre, Et l'huissier criait: - Silence ! en donnant alternativement à ce mot la prononciation anglaise et française. Le calme rétabli, on produisit des témoins. Les uns baisèrent le Christ d'argent qui couvrait la Bible et jurèrent en français de dire la vérité, les autres firent en anglais le même serment et baisèrent en leur qualité de protestants l'autre côté de la Bible qui était tout uni. On cita ensuite la coutume de Normandie, on s'appuya de Denisart, et on fit mention des arrêts du Parlement de Paris et des statuts du règne de George III. Après quoi le juge: Attendu que le mot *crasseux* emporte l'idée d'un homme sans moralité, sans conduite et sans honneur, condamne le défenseur à dix louis ou dix livres sterling d'amende.

Les avocats que je vis là, et qu'on dit des meilleurs de Québec ne firent preuve de talent ni dans le fond des choses ni dans la manière de les dire. Ils manquent particulièrement de distinction, parlent français avec l'accent normand des classes moyennes. Leur style est vulgaire et mêlé *d'étrangetés* et de locutions anglaises. Ils disent qu'un homme est *chargé* de dix louis pour dire qu'on lui demande dix louis. - Entrez dans la boîte, crient-ils au témoin pour lui indiquer de se placer dans le banc où il doit déposer.

L'ensemble du tableau a quelque chose de bizarre, d'incohérent, de burlesque même. Le fond de l'impression qu'il faisait naître était cependant triste. Je n'ai jamais été plus convaincu qu'en sortant de là que le plus grand et le plus irrémédiable malheur pour un peuple c'est d'être conquis.

***

27 août 1831. Conversation avec Mr. Neilson. [1]

1 Voir *Voyages* I, pp. 80-85. George Wilson Pierson qui s'est fait un critique sévère des Positions nationalistes prises à Québec par Tocqueville écrit (op. cit., pp. 328-329) à propos de la conversation que nous reproduisons ici : «Clearly, Tocqueville and Beaumont did not fully comprehend their guide's position. Mr. Neilson had

Mr. Neilson est Écossais. Né dans le Canada, allié à des Canadiens, il parle le français avec autant de facilité que sa langue. Mr. Neilson, quoique étranger, peut être regardé comme un des chefs des Canadiens dans toutes leurs luttes avec le gouvernement anglais. Bien que protestant, il a été nommé constamment depuis quinze ans par les Canadiens membre de la Chambre d'Assemblée. Toutes les mesures favorables à la population canadienne ont trouvé en lui un défenseur ardent. C'est lui et deux autres qui en 1825 (?) ont été envoyés en Angleterre pour le redressement des griefs. Mr. Neilson est un homme d'un esprit vif et original. Sa naissance et sa position sociale en opposition l'une à l'autre forment quelquefois dans ses idées et dans sa conversation de singuliers contrastes -

D. - Que coûte le Canada, année courante, au gouvernement anglais?

R. - De 200 à 250.000 livres sterling.

D. - Lui rapporte-t-il quelque chose?

---

been a champion of the French-Canadians since first entering politics. As this very conversation was to show, he entertained a deep affection for the *habitants,* their simple ways and quaint, antique customs. Furthermore, he wished to see these descendants of the early French colonists develop into a happy, educated, and largely self-governing people; he had always, for example, opposed the Union of Lower Canada with Upper Canada under one Assembly, fearing that this would lead to the destruction of the French-Canadian individuality and to the absorption of the *habitants* in the English population. On the other hand, Neilson was loyal to England and believed strongly in the Empire tie: according to him the French-Canadians were not yet fit for complete self-government. It followed, therefore, that responsible government was out of the question, and that the Upper House or Legislative Council should remain appointive, rather than be elected by the *habitants.* One other factor influenced his opinion. Neilson had always believed in reform by constitutional means; and now that he was approaching sixty he was growing distinctly more conservative in his ideas. As a consequence, he was beginning to feel that the nationalist leaders were becoming unreasonable in their demands. Three years later, in 1834, this was to lead to a definite split with Papineau and his followers, and to his own defeat for re-election to the Assembly. After investigating American prisons with Dominique Mondelet, therefore, he was to join the Constitutional Association, go to London in 1835 as its representative, and in 1836 make a last effort to prevent the rebellion. On the outbreak of hostilities and the suspension of the government, he was to be appointed a member of the Special Council for the two Provinces. And in 1841, after the Union which he had opposed was finally consummated, he was to be elected as a conservative to the United Legislature."

Écrits datant du voyage en Amérique (1831-1832)

R. - Rien. Les droits perçus par la douane sont employés pour la colonie. Nous nous battrions plutôt que de livrer aux Anglais un sou de notre argent.

D. - Mais quel intérêt l'Angleterre a-t-elle à conserver le Canada?

R. - L'intérêt qu'ont les grands seigneurs à conserver de grandes possessions qui figurent dans leurs titres, mais leur coûtent de grandes dépenses et leur suscitent souvent de mauvais procès. Cependant on ne peut nier que l'Angleterre n'ait un intérêt indirect à nous conserver; en cas de guerre avec les États-Unis, le Saint-Laurent est un canal par lequel elle fait pénétrer ses marchandises et ses armées jusqu'au sein de l'Amérique. En cas de guerre avec les peuples du Nord de l'Europe, le Canada lui fournit tous les bois de construction dont elle a besoin. De plus la charge n'est pas aussi onéreuse qu'on le suppose. L'Angleterre est obligée d'avoir l'empire de la mer non pour sa gloire, mais pour son existence. Les dépenses qu'elle est obligée de faire pour arriver à cette suprématie rendent l'occupation de ses colonies beaucoup moins coûteuse pour elle qu'elle ne le serait pour une nation qui n'aurait pour but que la conservation des colonies.

D. - Pensez-vous que les Canadiens secouent bientôt le joug de l'Angleterre?

R. - Non, à moins que l'Angleterre ne nous y force. Sans cela il est absolument contraire à notre intérêt de nous rendre indépendants. Nous ne formons encore que 600,000 âmes dans le Bas-Canada ; si nous devenions indépendants, nous ne tarderions pas à être enveloppés par les États-Unis. Notre population serait comme écrasée par une masse irrésistible d'émigration. Il faut attendre que nous soyons assez nombreux pour défendre notre nationalité. Alors nous deviendrons le peuple canadien. La population livrée à elle-même augmente ici avec autant de rapidité que celle des États-Unis. Lors de la conquête en 1763 nous n'étions que 60.000.

D. - Pensez-vous que la race française parvienne jamais à se débarrasser de la race anglaise ? (Cette question fut faite avec précaution, attendu la naissance de l'interlocuteur).

Alexis de Tocqueville

R. - Non. Je crois que les deux races vivront et se mêleront sur le même soi et que l'anglais restera la langue officielle des affaires. L'Amérique du Nord sera anglaise, la fortune a prononcé. Mais la race française du Canada ne disparaîtra pas. L'amalgame n'est pas aussi difficile à faire que vous le pensez. Ce qui maintient surtout votre langue ici, c'est *le clergé*. Le clergé forme la seule classe *éclairée et intellectuelle qui ait besoin* de parier français et qui le parle avec pureté.

D. - Quel est le caractère du paysan canadien?

R. - C'est à mon avis une race admirable. Le paysan canadien est simple dans ses goûts, très tendre dans ses affections de famille, très pur dans ses mœurs, remarquablement *sociable, poli* dans ses manières; avec cela très propre à résister à l'oppression, indépendant et guerrier, nourri dans l'esprit d'égalité. L'opinion publique a ici une force incroyable. Il n'y a pas d'autorité dans les villages, cependant l'ordre public s'y maintient mieux que dans aucun autre pays du monde. Un homme commet-il une faute, on s'éloigne de lui, il faut qu'il quitte le village. Un vol est-il commis, on ne dénonce pas le coupable, mais il est déshonoré et obligé de fuir.

On n'a pas vu d'exécution capitale au Canada depuis dix ans. Les enfants naturels sont une chose à peu près inconnue dans nos campagnes.

Je me rappelle la conversation de XX (j'ai oublié le nom); depuis deux cents ans on n'en avait pas vu un seul; il y a dix ans un Anglais étant venu s'y établir, séduisit une fille ; le scandale fut affreux.

Le Canadien est tendrement attaché au sol qui l'a vu naître, à son clocher, à sa famille. C'est ce qui fait qu'il est si difficile de l'engager à aller chercher fortune ailleurs. De plus, comme je le disais, il est éminemment *social;* les réunions amicales, l'office divin en commun, l'assemblée à la porte de l'église, voilà ses seuls plaisirs. Le Canadien est profondément religieux, il paie la dîme sans répugnance. Chacun pourrait s'en dispenser en se déclarant protestant, on n'a point encore d'exemple d'un pareil fait. Le clergé ne forme ici qu'un corps compact avec le peuple. Il partage ses idées, il entre dans ses intérêts politiques, il lutte avec lui contre le pouvoir. Sorti de lui, il n'existe que pour lui.

Écrits datant du voyage en Amérique (1831-1832)

On J'accuse ici d'être *démagogue.* Je n'ai pas entendu dire qu'on fît le même reproche aux prêtres catholiques en Europe. Le fait est qu'il est libéral, éclairé et cependant profondément croyant, ses mœurs sont exemplaires. Je suis une preuve de sa tolérance: protestant, j'ai été nommé dix fois par des catholiques à notre Chambre des Communes et jamais je n'ai entendu dire que le moindre préjugé de religion ait été mis en avant contre moi par qui que ce soit. Les prêtres français qui nous arrivent d'Europe, semblables aux nôtres pour leurs mœurs, leur sont absolument différents pour la tendance politique.

Je vous ai dit que parmi les paysans canadiens il existait un grand esprit de sociabilité. Cet esprit les porte à s'entraider les uns les autres dans toutes les circonstances critiques. Un malheur arrive-t-il au champ de l'un d'eux, la commune tout entière se met ordinairement en mouvement pour le réparer. Dernièrement la grange de XX vint à être frappée du tonnerre: cinq jours après elle était rebâtie par les voisins sans frais.

D. - Il existe ici quelques restes de féodalité?

R. - Oui, mais si légers qu'ils sont presque inaperçus: 1° Le seigneur reçoit pour les terres qu'il a originairement concédées une rente presque insignifiante. C'est 6 à 8 francs par exemple pour 90 arpents. 2° On est obligé de faire moudre à son moulin, mais il ne peut demander plus d'un prix fixé par la loi et qui est au-dessous de celui qu'on paye aux États-Unis avec la liberté et la concurrence. 3° Il y a des droits *de lods et ventes,* c'est-à-dire que, quand le propriétaire d'une terre inféodée la vend, il est obligé de donner le douzième du prix au seigneur. Cette charge serait assez pesante si l'esprit dominant de la population n'était pas de rester invinciblement attaché au sol. Tels sont tous les restes du système féodal au Canada. Du reste, le seigneur n'a point de droits honorifiques, point de privilèges. Il n'y a point de noblesse et il ne peut y en avoir. Ici comme aux Etats-Unis, il faut travailler pour vivre. On ne trouve point de fermiers. Le seigneur est donc ordinairement lui-même un cultivateur. Et cependant, quel que soit le pied d'égalité sur lequel sont maintenant placés les seigneurs, la population ne les voit pas sans quelque crainte et jalousie. Ce n'est qu'en embrassant le parti populaire que quelques-uns d'entre eux sont parvenus à se faire élire à la Chambre des Communes. Les paysans se souviennent de l'état de sujétion dans lequel on les tenait sous le gouvernement français. Il y a surtout un mot qui est resté dans leur mémoire comme un épouvantail politique, c'est la *taille*. Ils ne savent plus précisément quel est le sens du mot, mais il représente toujours pour eux une chose insupportable. Je suis convaincu qu'ils prendraient les armes si on voulait établir une taxe quelconque à laquelle on donnât ce nom.

D. - Quelles sont les conditions d'éligibilité pour arriver à votre Chambre des Communes ?

R. - Il n'y en a point.

D. - Qui est électeur dans les campagnes?

R. - Celui qui a 41 livres de revenu foncier est électeur.

D. - Ne craignez-vous rien d'une si grande masse d'électeurs ?

R. - Non. Tout ce peuple est propriétaire, il est religieux, aime l'ordre, ses choix sont bons et quoiqu'il prenne un grand intérêt aux élections, elles ne sont presque jamais accompagnées de troubles. Les Anglais ont voulu nous importer leur système de corruption, mais il a complètement échoué contre la moralité et l'honneur de nos paysans.

D. - Où en est l'instruction primaire ?

R. - C'est une longue histoire. Du temps des Français, il n'y avait point d'instruction. Le Canadien avait toujours les armes à la main. Il ne pouvait passer son temps à l'école. Après la conquête, les Anglais ne se sont occupés que des leurs. Il y a vingt ans le gouvernement a voulu établir l'instruction, mais il s'y est pris maladroitement. Il a choqué les préjugés religieux. Il a fait croire qu'il voulait s'emparer de l'instruction et la diriger en faveur du protestantisme. C'est ce que *nous* avons dit au moins, et le projet a échoué. Les Anglais ont dit que le clergé catholique voulait retenir le peuple dans l'ignorance. On ne disait la vérité de part ni d'autre, mais c'est là le langage des partis. Il y a quatre ans notre Chambre des Communes aperçut clairement que si la population

Écrits datant du voyage en Amérique (1831-1832)

canadienne ne s'éclairait pas, elle finirait par se trouver entièrement absorbée par une population étrangère qui s'élevait à côté et au milieu d'elle. On fit des exhortations, on donna des encouragements, on forma des fonds, on nomma enfin des inspecteurs des écoles. J'en suis un et je reviens de faire ma tournée. Rien n'est plus satisfaisant que le rapport que j'ai à faire. L'impulsion est donnée. La population saisit avec une remarquable activité l'occasion de s'instruire. Le clergé nous aide de tous ses efforts. Déjà nous avons dans nos écoles la moitié des enfants, 50.000 environ. Dans deux ou trois ans, je ne doute pas que nous ne les ayons tous. J'espère qu'alors la race canadienne commencera à quitter les bords du fleuve et à s'avancer vers l'intérieur. Jusqu'à présent nous nous étendons à peu près 120 lieues le long des deux rives du St-Laurent, mais cette ligne a rarement dix lieues de large. Au-delà cependant se trouvent des terres excellentes, qu'on donne presque toujours pour rien (ceci est à la lettre) et qu'on peut facilement cultiver (le prix de la main-d'œuvre est 3 francs dans les villes, moins dans les campagnes. La nourriture est très bon marché. Le paysan canadien fait lui-même tous les objets de nécessité: il fait ses souliers, ses habits, toutes les étoffes de laine qui le couvrent Ge l'ai vu).

D. - Pensez-vous que des Français pussent venir s'établir ici ?

R. - Oui. Notre Chambre des Communes a passé une loi il y a un an pour abolir la législation *d'aubaine*. Au bout de sept ans de résidence, l'étranger est Canadien et jouit des droits de citoyen.

Nous allâmes voir avec Mr. Neilson le village de Lorette à trois lieues de Québec, fondé par les jésuites. Mr. Neilson nous montra l'ancienne église fondée par les jésuites et nous dit: La mémoire des jésuites est adorée ici. Les maisons des Indiens étaient fort propres. Eux-mêmes parlaient le français et avaient une apparence presque européenne bien que leur costume fût différent. Presque tous sont de sang mêlé. Je m'étonnais de ne pas les voir cultiver la terre. Bah! me dit Mr. Neilson, ce sont des gentilshommes que ces Hurons-là, ils croiraient se déshonorer en travaillant. Gratter la terre comme des bœufs, disent-ils, cela ne convient qu'à des Français ou des Anglais. lis vivent encore de la chasse et des petits ouvrages que font leurs femmes.

Alexis de Tocqueville

D. - Est-il vrai que les Indiens aient une prédilection pour les Français ?

R. - Oui, c'est incontestable. Le Français qui est peut-être le peuple qui garde le plus en définitive sa trace originelle, est cependant celui qui se plie le plus facilement pour un temps aux mœurs, aux idées, aux préjugés de celui chez lequel il vit. C'est en devenant sauvages que vous avez obtenu des sauvages un attachement qui dure encore.

D. - Que sont donc devenus les Hurons qui ont montré un attachement si constant aux Français et ont joué un si grand rôle dans l'histoire de la colonie ?

R. - Ils se sont fondus peu à peu. C'était cependant la plus grande nation indienne de ce continent. Elle pouvait mettre jusqu'à 60.000 hommes sous les armes. Vous en voyez le reste. On pense que presque tous les sauvages de l'Amérique du Nord ont la même origine. Il n'y a que les Esquimaux de la baie d'Hudson qui appartiennent évidemment à une autre race. Là, tout est différent: langue, canots... je vous parlais tout à l'heure de votre aptitude à devenir sauvages. Nous avions surtout au Canada une race d'hommes maintenant presque éteinte qui excellait sur ce point. C'étaient les agents du commerce de fourrures connus sous le nom de Voyageurs. Ils se recrutaient dans toute la population. Je ne crois pas que l'intrépidité et l'esprit d'aventure aient jamais été poussés si loin. Ils étonnaient et subjuguaient les Indiens eux-mêmes dans leurs forêts.

Mr. Richard, curé catholique, est envoyé au Congrès par une population protestante. [1] Mr. Neilson, protestant, est envoyé aux Communes du Canada par une population catholique. Ces faits prouvent-ils que la religion est mieux entendue ou que sa force s'épuise? Ils prouvent, je crois, l'un et l'autre.

27 août.

***

28 août 1831.

---

1 Voyages I, pp. 231-232.

Écrits datant du voyage en Amérique (1831-1832)

M. Neilson est venu nous chercher aujourd'hui pour nous mener voir le pays. (Quant à M. Neilson, son caractère et sa position, voyez la conversation.) Le résultat de cette promenade a été on ne saurait plus favorable à la population canadienne. Nous avons trouvé des terres bien cultivées, des maisons qui respirent l'aisance. Nous sommes entrés dans plusieurs. La grande salle est garnie de lits excellents, les murs sont peints en blanc. Les meubles très propres. Un petit miroir, une croix ou quelques gravures représentant des sujets de l'Écriture Sainte complètent l'ensemble. Le paysan est fort, bien constitué, bien vêtu. Son abord a la cordialité franche qui manque à l'Américain. il est poli sans servilité et vous reçoit sur le pied de l'égalité mais avec prévenance. Ceux mêmes chez lesquels nous avons été avaient dans leurs manières quelque chose de distingué qui nous a frappés. (Il est vrai qu'on nous conduisit chez les premières familles du village.) Au total, cette race d'hommes nous a paru inférieure aux Américains en lumières, mais supérieure quant aux qualités de cœur. On ne sent ici en aucune façon cet esprit mer*cantile* qui paraît dans toutes les actions comme dans tous les discours de l'Américain. La raison des Canadiens est peu cultivée, mais elle est simple et droite, ils ont incontestablement moins d'idées que leurs voisins, mais leur sensibilité paraît plus développée; ils ont une vie de cœur, les autres de tête.

***

29 août. [1]

Aujourd'hui nous sommes montés à cheval pour aller visiter la campagne sans guide.

Dans la commune de Beaufort (sic), à deux lieues de Québec, nous avons vu le peuple sortir de l'église. Sa mise annonçait la plus grande aisance. Ceux qui appartenaient à un hameau éloigné s'en retournaient en voiture. Nous nous sommes écartés dans les sentiers et nous avons causé avec tous les habitants que nous avons rencontrés, tâchant de faire porter la conversation sur des sujets graves. Voici ce qui nous a paru résulter de ces conversations :

---

[1] Voyages I, pp. 214-216.

Alexis de Tocqueville

1° Il règne quant à présent une grande aisance parmi eux. La terre aux environs de Québec se vend extrêmement cher, aussi cher qu'en France, mais aussi elle rapporte beaucoup.

2° Les idées de cette population semblent encore peu développées. Cependant, ils sentent déjà très bien que la race anglaise s'étend autour d'eux d'une manière alarmante ; qu'ils ont tort de se renfermer dans un rayon au lieu de s'étendre dans le pays encore libre. Leur jalousie est vivement excitée par l'arrivée journalière des nouveaux-venus d'Europe. Ils sentent qu'ils finiront par être absorbés. On voit que tout ce qu'on dit à ce sujet remue leurs passions, mais ils ne voient pas clairement le remède. Les Canadiens craignent trop de quitter la vue du clocher, ils ne sont pas assez malins. - Oh! vous avez bien raison, mais que voulez-vous faire? Telles sont leurs réponses. Ils sentent évidemment leur position de peuple vaincu, ne comptent point sur la bienveillance, non pas précisément du gouvernement, mais des Anglais. Toutes leurs espérances se rattachent à leurs représentants. Ils paraissent avoir pour eux et particulièrement pour M. Neilson - Il est cependant Anglais, nous disaient-ils comme avec étonnement ou regret - cet attachement exalté qu'ont en général les peuples opprimés pour leur protecteur. Plusieurs nous ont paru parfaitement comprendre les besoins de l'instruction et se réjouir vivement de ce qu'on venait de faire en sa faveur. Au total cette population nous a paru capable d'être dirigée quoique encore incapable de se diriger elle-même. Nous arrivons au moment de la crise. Si les Canadiens ne sortent pas de leur apathie d'ici à vingt ans, il ne sera plus temps d'en sortir. Tout annonce que le réveil de ce peuple approche. Mais si dans cet effort les classes intermédiaires et supérieures de la population canadienne abandonnent les basses classes et se laissent entraîner dans le mouvement anglais, la race française est perdue en Amérique. Et ce serait en vérité dommage car il y a ici tous les éléments d'un grand peuple. Les Français d'Amérique sont aux Français de France ce que les Américains sont aux Anglais. Ils ont conservé la plus grande partie des traits originaux du caractère national, et l'ont mêlé avec plus de moralité et de simplicité. Ils sont débarrassés comme eux d'une foule de préjugés et de faux points de départ qui font et feront peut-être toujours les misères de l'Europe. En un mot ils ont en eux tout ce qu'il faudrait pour créer un grand souvenir de la France dans le Nouveau monde. Mais parviendront-ils jamais à reconquérir complètement leur nationalité? C'est ce qui est probable sans malheureusement être assuré. Un homme de génie qui comprendrait, sentirait et serait capable de développer les passions nationales du peuple aurait ici un admirable rôle à jouer. Il deviendrait bientôt l'homme le plus puissant de la colonie. Mais je ne le vois encore nulle part.

Il existe déjà à Québec une classe d'hommes qui forme la transition entre le Français et l'Anglais: ce sont des Anglais alliés à des Canadiens, des Anglais mécontents de l'administration, des Français en place. Cette classe est représentée dans la presse périodique par la *Gazette de Québec,* mélange de français et d'anglais, dans les assemblées politiques par M. Neilson et probablement plusieurs autres que nous ne connaissons pas. C'est elle que je crains le plus pour le sort futur de la population canadienne. Elle n'excite ni sa jalousie, ni ses passions. Au contraire elle est plus canadienne qu'anglaise d'intérêt parce qu'elle fait de l'opposition au gouvernement. Au fond, cependant, elle est anglaise de mœurs, d'idées, de langue. Si elle prenait jamais la place des hautes classes et des classes éclairées parmi les Canadiens, la nationalité de ceux-ci serait perdue sans retour. Ils végéteraient comme les Bas-Bretons en France. Heureusement la religion met un obstacle aux mariages entre les deux races, et crée dans le clergé une classe éclairée qui a intérêt à parler français et à se nourrir de la littérature et des idées françaises.

Nous avons pu apercevoir dans nos conversations avec le peuple de ce pays-ci un fond de haine et de jalousie contre les seigneurs. Les seigneurs cependant n'ont pour ainsi dire point de droits, ils sont peuple autant qu'on peut l'être et réduits presque tous à cultiver la terre. Mais l'esprit d'égalité de la démocratie est vivant là comme aux États-Unis, bien qu'il ne soit pas si raisonneur. J'ai retrouvé au fond du cœur de ces paysans les passions politiques qui ont amené notre Révolution et causent encore tous nos malheurs. Ici, elles sont inoffensives ou à peu près, parce que rien ne leur résiste. Nous avons cru remarquer aussi que le paysan ne voyait pas sans peine le droit que le clergé avait de prélever la dîme, et ne considérait pas sans envie la richesse que cet impôt met dans les mains de quelques ecclésiastiques. Si la religion perd jamais son empire au Canada, c'est par cette brèche-là que l'ennemi entrera.

Alexis de Tocqueville

Comme le Français, le paysan canadien a l'esprit gai et vif, il y a presque toujours quelque chose de piquant dans ses réparties. Je demandais un jour à un cultivateur pourquoi les Canadiens se laissaient resserrer dans des champs étroits, tandis qu'ils pouvaient trouver à vingt lieues de chez eux des terres fertiles et incultes. - Pourquoi, me répondit-il, aimez-vous mieux votre femme, quoique celle du voisin ait de plus beaux yeux? J'ai trouvé qu'il y avait un sentiment réel et profond dans cette réponse.

Les gazettes françaises au Canada contiennent tous les jours de petits morceaux de littérature en prose ou en vers, ce qui ne se rencontre jamais dans les vastes colonnes des journaux anglais. Cette versification a l'ancien caractère de la versification française. Elle a un tour simple et naïf fort éloigné de nos grands mots, de l'emphase et de la simplicité affectée de notre littérature actuelle, mais elle roule sur de petites ou de vieilles idées.

***

31 août 1831 [1].

Nous avons été aujourd'hui avec M. Neilson et un Canadien nommé M. Viger sur la rive droite du Saint-Laurent jusqu'au village de Saint-Thomas situé à 10 lieues de Québec. C'est le point où le Saint-Laurent prend une largeur de 7 lieues, largeur qu'il conserve pendant l'espace de 50 lieues. Toutes les campagnes que nous avons parcourues sont admirables de fertilité; jointes au Saint-Laurent et aux montagnes du Nord, elles forment le plus complet et le plus magnifique tableau. Les maisons sont *universellement* bien bâties. Elles respirent toutes un air d'aisance et de propreté. Les églises sont riches, mais riches de très bon goût. Leur décoration intérieure ne serait pas déplacée dans nos villes. Remarquez que c'est la commune elle-même qui s'impose pour établir son église. Dans cette portion du Canada, on n'entend point l'anglais. La population n'est que française, et cependant lorsqu'on rencontre une auberge, ou un marchand, son enseigne est en anglais.

***

1 Voyages 4 pp. 216-217.

Mr. Neilson nous disait aujourd'hui en parlant des Indiens: Ces peuples disparaîtront complètement, mais ils succomberont victimes de la hauteur de leur âme. [1] Le dernier d'entre eux se croit au moins l'égal du gouverneur de Québec. lis ne se plieront point à la civilisation, non parce qu'ils sont incapables de faire comme nous, mais parce qu'ils méprisent notre manière de vivre et se jugent nos supérieurs.

Québec, 31 août 1831.

***

Remarques générales

1er septembre 1831 [2]

Nous avons remarqué par les conversations que nous avons eues avec plusieurs Canadiens que leur haine se dirigeait plus encore contre le gouvernement que contre la race anglaise en général. Les instincts du peuple sont contre les Anglais, mais beaucoup de Canadiens appartenant aux classes éclairées ne nous ont pas paru animés, au degré que nous croyions, du désir de conserver intacte la trace de leur origine, et de devenir un peuple entièrement à part. Plusieurs ne nous ont pas paru éloignés de se fondre avec les Anglais, si ceux-ci voulaient adopter les intérêts du pays. Il est donc à craindre qu'avec le temps et surtout l'émigration des Irlandais catholiques, la fusion ne s'opère. Et elle ne peut s'opérer qu'au détriment de la race, de la langue et des mœurs françaises.

Cependant il est certain :

1) Le Bas-Canada (heureusement pour la race française) forme un État à part. Or, dans le Bas-Canada la population française est à la population anglaise dans la proportion de dix contre un. Elle est compacte. Elle a son gouvernement, son Parlement à elle. Elle forme véritablement un corps de nation distinct. Dans le Parlement composé de quatre-vingt-quatre membres, il y a soixante-quatre Français et vingt Anglais.

---

1 Ibid., p. 225.

2 Voyages I. pp. 217-218.

Alexis de Tocqueville

2) Les Anglais jusqu'à présent se sont toujours tenus à part. Ils soutiennent le gouvernement contre la masse du peuple. Tous les journaux français font de l'opposition, tous les journaux anglais sont ministériels, à l'exception d'un seul, *the Vindicator,* à Montréal, encore a-t-il été fondé par des Canadiens.

3) Dans les villes, les Anglais et les Canadiens forment deux sociétés. Les Anglais affichent un grand luxe; il n'y a parmi les Canadiens que des fortunes très bornées; de là, jalousie, tracasseries de petite ville.

4) Les Anglais ont dans les mains tout le commerce extérieur et dirigent en chefs tout le commerce intérieur. De là encore jalousie.

5) Les Anglais s'emparent tous les jours de terres que les Canadiens croyaient réservées à leur race.

6) Enfin les Anglais se montrent au Canada avec tous les traits de leur caractère national, et les Canadiens ont conservé tous les traits du caractère français.

Il y a donc fort à parier que le Bas-Canada finira par devenir un peuple entièrement français. Mais ce ne sera jamais un peuple nombreux. Tout deviendra anglais autour de lui. Ce sera une goutte dans l'océan. J'ai bien peur que, comme le disait M. Neilson avec sa franchise brusque, la fortune n'ait en effet prononcé et que l'Amérique du Nord ne soit anglaise.

***

2 septembre 1831.

Nous avons vu un très grand nombre d'ecclésiastiques depuis que nous sommes dans le Canada. Il nous a semblé qu'ils formaient évidemment la première classe parmi les Canadiens. Tous ceux que nous avons vus sont instruits, polis, bien élevés. Ils parlent le français avec pureté. En général ils sont plus distingués que la plupart de nos curés de France.

Écrits datant du voyage en Amérique (1831-1832)

On voit dans leur conversation qu'ils sont *tout canadiens*. *Ils* sont unis de cœur et d'intérêts à la population et discutent très bien ses besoins. Ils nous ont paru cependant en général avoir des sentiments de *loyauté* envers le roi d'Angleterre, et soutenir en général le principe de la légitimité. Cependant l'un d'eux me disait: Nous avons tout à espérer maintenant, le ministère est *démocrate*. Ils font aujourd'hui de l'opposition, ils feraient certainement de la rébellion si le gouvernement devenait tyrannique. *Somme toute,* ce peuple-ci ressemble prodigieusement au peuple français. Ou plutôt ce sont encore des Français, trait pour trait, et conséquemment parfaitement différents des populations anglaises qui les environnent. Gais, vifs, railleurs, aimant la gloire et le bruit, intelligents, éminemment sociables, leurs mœurs sont douces et leur caractère serviable. Le peuple est en général plus moral, plus hospitalier, plus religieux qu'en France. il n'y a qu'au Canada qu'on puisse trouver ce qu'on appelle un *bon enfant* en France. L'Anglais et l'Américain est ou *grossier ou glacé.*

Un paysan me disait: Si on en vient jamais aux mots, les Anglais ne sont pas blancs.

2 septembre 1831.

Il y a cinq ou six ans, le gouvernement anglais a voulu réunir tout le Canada dans une seule assemblée. C'était la mesure la plus propre à dissoudre entièrement la nation canadienne, aussi tout le Peuple s'est-il réveillé tout à coup et c'est depuis ce temps qu'il connaît sa force.

Plusieurs curés m'ont dit que dans leur commune il n'y avait pas un seul individu partant l'anglais. Eux-mêmes ne l'entendaient point et nous prenaient pour interprètes.

La nomination des officiers de milice appartient au gouvernement, mais la Chambre d'assemblée ayant décidé que pour être officier de milice il fallait résider sur le lieu de son commandement, le résultat a été de mettre la direction de la force armée presque exclusivement dans les mains des Canadiens.

Un Canadien me disait aujourd'hui que dans la Chambre d'assemblée les discussions étaient vives, emportées, et que souvent on prenait des résolutions précipitées dont on se repentait quand la tête était refroidie. Ne croirait-on pas entendre parler d'une Chambre française ?

***

[Vers le sud]

À M. l'abbé Lesueur [1]

Albany, 7 septembre 1831.

Jugez du plaisir que j'ai éprouvé en arrivant ici, mon bon ami, lorsque j'ai trouvé un paquet de lettres contenant la correspondance du 20 et du 30 juin. J'étais extrêmement inquiet des affaires publiques et de vous. Les lettres m'ont appris, en effet, que vous aviez été très-souffrant et que vous l'étiez encore un peu au départ du courrier. Je grille maintenant de lire les lettres du 10 et du 20 juillet. Je sais qu'elles sont en Amérique. Mais on me les a envoyées à Boston, où nous serons dans deux jours. Ce n'est qu'arrivé là que je pourrai avoir les bulletins ultérieurs de votre santé.

Il me tarde bien, je vous assure, de les connaître. Je ne puis vous dire, mon bon ami, quel plaisir j'éprouve à me trouver enfin en communication réelle avec vous. Jusqu'à présent il n'y avait que l'un de nous deux qui parlait. Nous causons maintenant. Tous les détails qu'on me donne sur la manière dont a été reçue ma dernière lettre me font un plaisir extrême. Donnez-moi toujours beaucoup de particularités; ne craignez pas les petits riens. Ce sont de grandes choses à deux mille lieues...

Nous venons de faire une immense tournée dans l'ouest et le nord de l'Amérique. La dernière quinzaine a été consacrée à visiter le Canada. Lors de ma précédente lettre, je ne croyais pas faire ce voyage. Le manque de nouvelles politiques nous était devenu si insupportable, que nous comptions gagner Albany en droiture. Heureusement nous avons appris en route des nouvelles de France, et nous avons cru pouvoir disposer encore de huit jours pour descendre le Saint-Laurent, Nous nous félicitons beaucoup maintenant d'avoir entrepris ce voyage. Le pays que nous venons de parcourir est, par lui-même, très-pittoresque. Le Saint-Laurent est le plus vaste fleuve qui existe au monde. A Québec il est déjà très-large: un peu plus bas, il a sept lieues d'un bord à l'autre,

---

1 L'abbé Lesueur avait été le précepteur du jeune Alexis de Tocqueville et de ses frères. Voir *Nouvelle correspondance entièrement inédite*, p. 54 et suivantes.

et il conserve la même largeur pendant cinquante lieues encore. Il prend alors quinze, vingt, trente lieues, et se perd enfin dans l'Océan. C'est comme qui dirait la Manche roulant dans l'intérieur des terres. Cet immense volume d'eau n'a rien du reste qui surprenne, lorsqu'on songe que le Saint-Laurent sert seul d'écoulement à tous les grands lacs, depuis le Supérieur jusqu'au lac Ontario. Ils se tiennent tous comme une grappe de raisin, et aboutissent enfin à la vallée du Canada.

Mais ce qui nous a intéressés le plus vivement au Canada, ce sont ses habitants. Je m'étonne que ce pays soit si inconnu en France. Il n'y a pas six mois, je croyais, comme tout le monde, que le Canada était devenu complètement anglais. J'en étais toujours resté au relevé de 1763, qui n'en portait la population française qu'à 60,000 personnes. Mais depuis ce temps, le mouvement d'accroissement a été là aussi rapide qu'aux États-Unis, et aujourd'hui il y a dans la seule province du Bas-Canada 600,000 descendants de Français. Je vous réponds qu'on ne peut leur contester leur origine. ils sont aussi Français que vous et moi. Ils nous ressemblent même bien plus que les Américains des États-Unis ne ressemblent aux Anglais. Je ne puis vous exprimer quel plaisir nous avons éprouvé à nous retrouver au milieu de cette population. Nous nous sentions comme chez nous, et partout on nous recevait comme des compatriotes, enfants de la *vieille France,* comme ils l'appellent. A mon avis, l'épithète est mal choisie. La vieille France est au Canada, la nouvelle est chez nous. Nous avons retrouvé là, surtout dans les villages éloignés des villes, les anciennes habitudes, les anciennes mœurs françaises. Autour d'une église, surmontée du coq et de la croix fleurdelisée, se trouvent groupées les maisons du village: car le propriétaire canadien n'aime point à s'isoler sur sa terre comme l'Anglais ou l'Américain des États-Unis. Ces maisons sont bien bâties, solides au dehors, propres et soignées au dedans. Le paysan est riche et ne paye pas un denier d'impôt. Là se réunit quatre fois par jour, autour d'une table ronde, une famille composée de parents vigoureux et d'enfants gros et réjouis. On chante après souper quelque vieille chanson française, ou bien on raconte quelque vieille prouesse des premiers Français du Canada; quelques grands coups d'épée donnés du temps de Montcalm et des guerres avec les Anglais. Le dimanche on joue, on danse après les offices. Le curé lui-même prend part à la joie commune tant qu'elle ne dégénère pas en licence. Il est l'oracle du lieu, l'ami, le conseil de la population. Loin d'être accusé ici d'être le partisan du pouvoir, les Anglais le traitent de *démagogue*. Le fait est qu'il est le premier à résister à l'oppression, et le peuple voit en lui son plus constant appui. Aussi les Canadiens sont-ils religieux par principe et par passion politique. Le clergé forme là la haute classe, non parce que les lois, mais parce que l'opinion et les mœurs le placent à la tête de la société. J'ai vu plusieurs de ces ecclésiastiques: et je suis resté convaincu que ce sont, en effet, les gens les plus distingués du pays. Ils ressemblent beaucoup à nos vieux curés français. Ce sont, en général, des hommes gais, aimables et bien élevés.

Ne serait-on pas vraiment tenté de croire que le caractère national d'un peuple dépend plus du sang dont il est sorti

que des institutions politiques ou de la nature du pays ? Voilà des Français mêlés depuis quatre-vingts ans à une population anglaise; soumis aux lois de l'Angleterre, plus séparés de la mère patrie que s'ils habitaient aux antipodes. Eh bien ! Ce sont encore des Français trait pour trait; non pas seulement les vieux, mais tous, jusqu'au bambin qui fait tourner sa toupie. Comme nous, ils sont vifs, alertes, intelligents, railleurs, emportés, grands parleurs et fort difficiles à conduire quand leurs passions sont allumées. Ils sont guerriers par excellence et aiment le bruit plus que l'argent. A côté, et nés comme eux dans le pays, se trouvent des Anglais flegmatiques et logiciens comme aux bords de la Tamise; hommes à précédents, qui veulent qu'on établisse la *majeure* avant de songer à passer à la *mineure*; gens sages qui pensent que la guerre est le plus grand fléau de la race humaine, mais qui la feraient cependant aussi bien que d'autres, parce qu'ils ont calculé qu'il y a des choses plus difficiles à supporter que la mort.

Adieu, mon bon ami, je vous aime et vous embrasse du fond de mon cœur.

Il y a dans chaque doctrine religieuse une doctrine politique qui, par affinité, lui est jointe. [1] Ce point est incontestable en ce sens que là où rien ne contrarie cette tendance, elle se montre certainement. Mais il ne s'ensuit pas qu'on ne puisse séparer les doctrines religieuses de tous

---

1 Voyages I, p. 179.

Alexis de Tocqueville

leurs effets politiques. On a vu au contraire dans presque tous les pays du monde les intérêts matériels opérer cette séparation. Les catholiques au Canada et aux États-Unis sont invariablement les soutiens du parti démocratique. S'ensuit-il que le catholicisme porte à l'esprit démocratique? Non. Mais ces catholiques-là sont pauvres et viennent presque tous d'un pays où l'aristocratie est protestante.

1er octobre 1831.

***

À Madame La Comtesse De Grancey [1]

New York, 10 octobre 1831. Après six semaines de séjour dans cette Ville, nous avons senti le besoin de parier d'autres choses que de prisons, et nous nous sommes résolus à nous esquiver pour aller faire un tour dans l'Ouest. Nous voulions voir des *déserts* et des *Indiens;* mais vous ne vous figurez pas la peine qu'on a à trouver maintenant ces deux choses en Amérique. Nous avons marché pendant plus de cent lieues dans l'État de New York, suivant toujours la piste des tribus sauvages et ne pouvant jamais les rencontrer. Les Indiens, nous disait-on, étaient là il y a dix ans, huit ans, six ans, deux ans; mais la civilisation européenne marche comme un incendie et les chasse devant elle. Nous sommes enfin arrivés à Buffaloe, sur le bord des grands lacs, sans en avoir vu un seul. Le moyen de revenir en France sans rapporter dans sa tête son sauvage et sa forêt vierge! Il ne fallait point y songer. Le bonheur a voulu que précisément à cette époque un vaisseau à vapeur partit de Buffaloe pour aller explorer l'entrée du lac *Supérieur* et les bords du lac *Michigan.* Nous nous sommes déterminés à saisir l'occasion, et nous voilà ajoutant un crochet de cinq cents lieues à notre voyage. Cette fois, du reste, nous avons été complètement satisfaits; nous avons parcouru des côtes immenses où les Blancs n'ont point encore abattu un seul arbre-, et nous avons visité un grand nombre de nations indiennes. J'espère un jour pouvoir vous raconter bien des épisodes de ce long voyage, mais aujourd'hui il faut me borner.

---

1 On trouvera cette lettre de Tocqueville à sa cousine dans la *Nouvelle correspondance entièrement inédite, p. 69* et suivantes. Nous n'en avons retenu que le « passage canadien. »

Ce sont de singuliers personnages que ces Indiens! lis s'imaginent que quand un homme à une couverture pour se couvrir, des armes pour tuer du gibier et un beau ciel sur la tête, il n'a rien à demander de plus à la fortune. Tout ce qui tient aux recherches de notre civilisation, ils le méprisent profondément. Il est absolument impossible de les plier aux moindres de nos usages. Ce sont les êtres les plus orgueilleux de la création : ils sourient de pitié en voyant le soin que nous prenons de nous garantir de la fatigue et du mauvais temps; et il n'y en a pas un seul d'entre eux qui, roulé dans sa couverture au pied d'un arbre, ne se croie supérieur au président des États-Unis et au gouverneur du Canada. De tout mon attirail européen ils n'enviaient que mon fusil à deux coups; mais cette arme faisait sur leur esprit le même effet que le système pénitentiaire sur celui des Américains. Je me rappelle entre autres un vieux chef que nous rencontrâmes sur les bords du lac Supérieur, assis près de son feu dans l'immobilité qui convient à un homme de son rang. Je m'établis à côté de lui, et nous causâmes amicalement à l'aide d'un Canadien-français qui nous servait d'interprète. Il examina mon fusil, et remarqua qu'il n'était pas fait comme le sien. Je lui dis alors que mon fusil ne craignait pas la pluie et pouvait partir dans l'eau; il refusa de me croire, mais je le tirai devant lui après l'avoir trempé dans un ruisseau qui était près de là. A cette vue, l'Indien témoigna l'admiration la plus profonde; il examina de nouveau l'arme, et me la rendit en disant avec emphase: « Les pères des Canadiens sont de grands guerriers! » Comme nous nous séparions, j'observai qu'il portait sur sa tête deux longues plumes d'épervier. Je lui demandai ce que signifiait cet ornement. À cette question il se mit à sourire très-agréablement, montrant en même temps deux rangées de dents qui auraient fait honneur à un loup, et me répondit qu'il avait tué deux Sioux (c'est le nom d'une tribu ennemie de la sienne), et qu'il portait ces plumes en signe de sa double victoire. « Consentiriez-vous à m'en céder une, lui dis-je, je la porterais dans mon pays, et je dirais que je la tiens d'un grand chef. » Il parait que j'avais touché la corde sensible; car mon homme se leva alors, et détachant une des plumes avec une majesté qui avait son côté comique, il me la remit; puis il sortit de dessous sa couverture son bras nu, et me tendit une grande main osseuse d'où j'eus bien de la peine ensuite à retirer la mienne après qu'il l'eut serrée.

Quant aux Indiennes, je ne vous en dirai autre chose, sinon qu'il faut lire Atala avant de venir en Amérique. Pour qu'une femme indienne soit réputée parfaite, il faut qu'elle soit couleur chocolat, qu'elle ait de petits yeux qui ressemblent à ceux d'un chat sauvage, et une bouche raisonnablement fendue d'une oreille à l'autre. Voilà pour la nature: mais l'art vient encore à son aide. Une Indienne, pour peu qu'elle ait de coquetterie, et je vous assure qu'elles n'en manquent point, a soin non de se mettre du rouge, comme en Europe, mais de se dessiner sur chaque joue des lignes bleues, noires et blanches, ce qui est bien plus compliqué. Au reste, ce sont là les sentiers battus de la mode. J'ai vu de plus ici, comme en France, de grands génies qui innovent ; ainsi je me rappelle avoir rencontré une jeune Indienne dont le visage était peint en noir jusqu'à la ligne des yeux, et peint en rouge sur l'autre moitié; mais je pense que c'était là un essai qui peut-être n'aura pas été heureux. Vous savez que, quelle que soit l'influence que certaines personnes exercent sur la mode, elles ne réussissent pas toujours à faire adopter les singularités qu'elles inventent. Ce qui est plus général, on pourrait dire plus classique, dans la toilette des Indiennes, c'est de se passer un grand anneau dans la cloison du nez. Je trouve cela abominable; et cependant je vous demande très-humblement de m'expliquer en quoi il est plus naturel de se percer les oreilles que le nez. Il y a enfin un dernier point sur lequel les belles du lac Supérieur diffèrent des nôtres. Vous savez que chez nous on se met les pieds à la torture pour les forcer d'aller en dehors; croiriez-vous que les Indiennes ont le mauvais goût de se donner exactement la même peine pour les forcer d'aller en dedans ? Décidément ce sont de misérables sauvages.

Quoi qu'il en soit, J'ai trouvé l'occasion d'acheter d'elles une espèce de soulier qu'elles portent dans les grandes occasions et nomment des mocassins. Si ces objets excitent le moins du monde votre curiosité, ce sera un véritable bonheur pour moi de vous les offrir. Il entrerait dans chacun de ces mocassins, si j'ai bonne mémoire, deux pieds comme les vôtres. Aussi ma prétention n'est-elle pas que vous les consacriez a votre usage.

C'est à moi de vous demander pardon, ma chère cousine, de l'énormité de ma lettre. Vous voyez que je ne sais jamais faire les choses à point; j'ai le premier tort de ne pas écrire, et ensuite celui d'écrire trop. J'espère cependant que vous me pardonnerez le premier en faveur du système

Écrits datant du voyage en Amérique (1831-1832)

pénitentiaire; et le second en considération du plaisir que j'ai eu à m'entretenir avec vous après un si long silence. C'est vous prendre, j'espère, par les sentiments généreux... Permettez-moi de vous réitérer l'assurance de ma bien vive et bien sincère amitié.

***

25 novembre 1831.

Si la nature n'a pas donné à chaque peuple un caractère national *indélébile, il* faut avouer du moins que les habitudes, que des causes physiques ou politiques ont fait prendre à l'esprit d'un peuple, sont bien difficiles à arracher, même quand il cesse d'être soumis à aucune de ces causes. Nous avons vu au Canada des Français vivant depuis soixante-dix ans sous le gouvernement anglais, et restés absolument semblables à leurs anciens compatriotes de France. Au milieu d'eux vit une population anglaise qui n'a rien perdu de son caractère national.

Il y a cinquante ans au moins que des colonies d'Allemands sont venues s'établir dans la Pennsylvanie. Ils ont conservé intacts l'esprit et les mœurs de leur patrie. Autour d'eux s'agite une population nomade, chez laquelle le désir de s'enrichir n'a point de bornes, qui ne tient à aucun lieu, n'est arrêtée par aucun lien, mais se porte partout où se présente l'apparence de la fortune. Immobile au milieu de ce mouvement général, l'Allemand borne ses désirs à améliorer peu à peu sa position et celle de sa famille. Il travaille sans cesse, mais n'abandonne rien au hasard. Il s'enrichit sûrement, mais lentement; il tient ait foyer domestique, renferme son bonheur dans son horizon et ne sent nulle curiosité de connaître ce qui se trouve au-delà de son dernier sillon.

25 novembre 1831, sur l'Ohio.

***

À M. Le Vicomte de Tocqueville [1]

---

[1] Poor cette lettre de Tocqueville à son frère, voir la Nouvelle *correspondance entièrement inédite, p. 86* et suivantes.

Alexis de Tocqueville

À bord du *Fourth of July*, 26 novembre 1831.

Je commence cette lettre, mon bon ami, dans le bateau à vapeur qui nous conduit de Pittsburg à Cincinnati. Je ne la finirai et ne la daterai que dans quelques jours, quand je serai arrivé dans cette dernière ville. Nous naviguons en ce moment sur l'Ohio, qui, en cet endroit, est déjà large comme la Seine à Paris, et qui cependant, comme tu pourras le voir sur la carte, est encore bien loin de sa jonction avec le Mississipi.

Il roule en ce moment à travers les plus belles montagnes du monde. Le mal est qu'elles sont couvertes de neige. L'hiver nous a enfin atteints. Nous l'avons trouvé au milieu des Alléghanys, et il ne nous quitte plus. Mais nous le fuyons, et dans huit jours nous n'aurons plus rien à en craindre. Pittsburg est l'ancien fort Duquesne des Français, l'une des causes de la guerre de 1745. Les Français ont donné, en Amérique, la preuve d'un génie extraordinaire dans la manière dont ils avaient disposé leurs postes militaires. Alors que l'intérieur du continent de l'Amérique septentrionale était encore entièrement inconnu aux Européens, les Français ont établi, au milieu des déserts, depuis le Canada jusqu'à la Louisiane, une suite de petits forts qui, depuis que le pays est parfaitement exploré, ont été reconnus pour les meilleurs emplacements qu'on pût destiner à la fondation des villes les plus florissantes et les situations les plus heureuses pour attirer le commerce et commander la navigation des fleuves. Ici, comme en bien d'autres circonstances, nous avons travaillé pour les Anglais, et ceux-ci ont profité d'un vaste plan qu'ils n'avaient pas conçu. Si nous avions réussi, les colonies anglaises étaient enveloppées par un arc immense, dont Québec et la Nouvelle-Orléans formaient les deux extrémités. Pressés sur leurs derrières par les Français et leurs alliés les Indiens, les Américains des États-Unis ne se seraient pas révoltés contre la mère-patrie. Ils le reconnaissent tous. Il n'y aurait pas eu de révolution d'Amérique, peut-être pas de révolution française, du moins dans les conditions où elle s'est accomplie.

Les Français d'Amérique avaient en eux tout ce qu'il fallait pour faire un grand peuple. Ils forment encore le plus beau rejeton de la famille européenne dans le nouveau monde. Mais, accablés par le nombre, ils devaient finir par succomber. Leur abandon est une des plus grandes ignominies de l'ignominieux règne de Louis XV.

Je viens de voir dans le Canada un million de Français braves, intelligents, faits pour former un jour une grande nation française en Amérique, qui vivent en quelque sorte en étrangers dans leur pays. Le peuple conquérant tient le commerce, les emplois, la richesse, le pouvoir. Il forme les hautes classes et domine la société entière. Le peuple conquis, partout où il n'a pas l'immense supériorité numérique, perd peu à peu ses mœurs, sa langue, son caractère national.

Aujourd'hui le sort en est jeté, toute l'Amérique du Nord parlera anglais. Mais n'es-tu pas frappé de l'impossibilité où sont les hommes de sentir la portée qu'aura un événement présent dans l'avenir, et le danger dans lequel ils sont toujours de s'affliger ou de se réjouir sans discernement? Lorsque la bataille des plaines d'Abraham, la mort de Montcalm et le honteux traité de 1763, mirent l'Angleterre en possession du Canada et d'un pays plus grand que l'Europe entière, et qui auparavant appartenait à la France, les Anglais se livrèrent à une joie presque extravagante. La nation, ni ses plus grands hommes, ne se doutaient guère alors que, par l'effet de cette conquête, les colonies n'ayant plus besoin de l'appui de la mère patrie, commenceraient à aspirer à l'indépendance : que, vingt ans après, cette indépendance serait signée, l'Angleterre entraînée dans une guerre désastreuse qui donnerait un énorme accroissement à sa dette; et que de cette manière se créerait sur le continent de l'Amérique une immense nation, son ennemie naturelle tout en parlant sa langue, et qui est certainement appelée à lui enlever l'empire de la mer.

30 novembre.

Nous arrivons à Cincinnati après un voyage que la neige et le froid ont rendu assez pénible.

***

Ce qui fait supporter la République aux États-Unis.

Il y a mille raisons qui concourent à faire supporter aux États-Unis la liberté républicaine, mais peu sont suffisantes pour expliquer le problème.

Alexis de Tocqueville

Aux États-Unis, dit-on, la société a été bâtie sur table rase. On ne voit ni vainqueur, ni vaincu, ni roturier, ni noble, ni préjugés de naissance, ni préjugés de profession.

Mais l'Amérique du Sud tout entière est dans ce cas, et la république ne réussit qu'aux États-Unis.

Le territoire de l'Union offre un champ immense a l'activité humaine; il présente un aliment inépuisable à l'industrie et au travail; l'amour du bien-être et des richesses y vient sans cesse donner le change à l'ambition politique.

Mais dans quelle partie du monde trouve-t-on de plus fertiles contrées, de plus admirables déserts, de plus superbes fleuves, des richesses plus inépuisables et plus intactes que dans l'Amérique du Sud? Et cependant l'Amérique du Sud ne peut supporter la république.

La division de l'Union en petits États concilie la prospérité intérieure et la force nationale; elle multiplie les intérêts politiques et affaiblit l'esprit de parti en le partageant; mais le Mexique forme une république fédérative; il a adopté presque sans y toucher la constitution des États-Unis, et le Mexique cependant est encore bien loin de prospérer. Le Bas-Canada est entouré comme la Nouvelle-Angleterre de terres fertiles et sans bornes. Cependant, jusqu'à nos jours, la population française du Canada manquant de lumières s'est entassée dans un espace beaucoup trop étroit pour elle et le prix des terres est presque aussi élevé aux environs de Québec qu'à ceux de Paris, tandis qu'à côté la terre vaut 10 francs l'arpent.

Il y a une grande raison qui domine toutes les autres et qui, après qu'on les a toutes pesées, emporte à elle seule la balance: le peuple américain, pris en masse, est non seulement le plus éclairé du monde, mais ce que je mets bien au-dessus de cet avantage, *c'est le peuple dont l'éducation politique pratique est la plus avancée.*

C'est cette vérité dans laquelle je crois fermement, qui fait naître en moi la seule espérance que j'aie pour le bonheur futur de l'Europe.

Écrits datant du voyage en Amérique (1831-1832)

Reste toujours cependant cette grande question insoluble: les avantages matériels et spéciaux qu'ont les États-Unis ne leur suffiraient point sans leur haute civilisation et leur expérience, mais cette haute civilisation et cette expérience seraient-elles suffisantes sans elles ?

14 janvier 1832.

Alexis de Tocqueville

Deuxième partie

Après le retour en Europe (1832-1859)

1833

[Sur les échecs de la colonisation française]

Quelques idées sur les raisons qui s'opposent à ce que les Français aient de bonnes colonies.

... En supposant que le territoire qui doit renfermer la colonie soit découvert et qu'il réunisse les conditions nécessaires au succès de l'entreprise, restent encore les difficultés d'exécution : elles ont été grandes pour l'Angleterre, elles paraissent insurmontables pour la France.

La première de toutes, il faut le dire, se rencontre dans le génie français qui paraît peu favorable à la colonisation.

La France, par sa position géographique, son étendue, sa fertilité, a toujours été appelée au premier rang des pouvoirs continentaux. C'est la terre qui est le théâtre naturel de sa puissance et de sa gloire. Le commerce maritime n'est qu'un appendice de son existence ; la mer n'a jamais excité chez nous et n'excitera jamais ces sympathies nationales, cet espèce de respect filial qu'ont pour elle les peuples navigateurs et commerçants. Jamais des entreprises maritimes n'attireront chez nous les regards et n'appelleront la richesse et le talent à leur aide. En général, on ne verra s'y engager que des hommes auxquels la médiocrité de leurs talents, le délabrement de leur fortune ou les souvenirs de leur vie antérieure interdisent l'espérance d'un bel avenir dans leur patrie.

Il est facile d'ailleurs de remarquer dans notre caractère national un singulier mélange de penchants casaniers et d'ardeur aventurière, deux choses également mauvaises pour la colonisation. Le Français a naturellement le goût des plaisirs tranquilles, il aime le foyer domestique, l'aspect du clocher paternel réjouit sa vue, les joies de la famille lui tiennent plus au cœur qu'à aucun autre homme du monde. Moins que qui que ce soit, il se sent tourmenté par la soif de l'or au sein de la médiocrité où. il est né. L'amour des richesses absorbe rarement son existence et sa vie s'écoule aisément aux lieux qui l'ont vu naître.

Arrachez-le à ces habitudes tranquilles, frappez son imagination par des tableaux nouveaux, transplantez-le sous un autre ciel, ce même homme se sentira tout à coup possédé d'un besoin insatiable d'actions, d'émotions violentes, de vicissitudes et de dangers. L'Européen le plus civilisé deviendra l'amant passionné de la vie sauvage. Il préférera les savanes aux rues des villes, la chasse à l'agriculture ; il se jouera de l'existence, il vivra sans nul souci de l'avenir. « Les blancs de France, disaient les sauvages du Canada sont aussi bons chasseurs que nous: comme nous, ils méprisent les commodités de la vie et bravent les terreurs de la mort. Le Grand Esprit les avait créés pour habiter sous la cabane de l'Indien et vivre dans le désert, »

Ces deux dispositions opposées qui se rencontrent dans le caractère français sont singulièrement défavorables à l'établissement d'une colonie.

Il est presque impossible de déterminer la population pauvre et honnête de nos campagnes à aller chercher fortune hors de sa patrie. Le paysan craint moins la misère dans le lieu qui l'a vu naître que les chances et les rigueurs d'un exil lointain. Ce n'est cependant qu'avec cette espèce d'hommes qu'on peut former le noyau d'une bonne colonie.

Transporté à grand-peine sur un autre rivage, on le fixe difficilement. On ne remarquera jamais chez lui ce désir ardent et obstiné de faire fortune qui stimule chaque jour les efforts de l'Anglais et semble tendre à la fois tous les ressorts de son esprit vers un seul but. Le colon français améliore lentement la terre qu'on lui livre, ses progrès en tout sont peu rapides ; peu de chose suffit à ses besoins; on le voit sans cesse entraîné par les charmes d'une vie oisive et vagabonde.

À ce premier obstacle qu'oppose notre caractère national, viennent se joindre ceux que présentent nos habitudes politiques et nos lois.

Depuis plusieurs siècles le gouvernement central en France travaille sans cesse à attirer à lui la décision de toutes les affaires; aujourd'hui on peut dire qu'il ne gouverne pas seulement, il administre les parties séparées du royaume. Il n'entre pas dans notre sujet de rechercher ce qu'il peut y avoir d'utile ou de dangereux dans cet état de choses, nous

nous bornons à constater qu'il existe.

Les obligations légales et les habitudes politiques qui en résultent sont peu favorables à la fondation et surtout au développement d'une colonie. Si le gouvernement central se trouve souvent dans l'impossibilité de juger sainement et de trancher en temps opportun les difficultés qui s'élèvent dans une province voisine du siège de l'empire, il en sera à plus forte raison de même quand il faudra s'occuper d'intérêts qui s'agitent à trois mille lieues de lui.

Fournir les moyens d'exécution, choisir d'habiles agents, imposer certaines lois générales dont il ne soit pas permis de s'écarter telles sont les seules obligations que doive imposer la mère-patrie lorsqu'elle envoie quelques-uns de ses enfants chercher fortune dans un autre hémisphère. Quant aux soins journaliers de l'administration publique, aux efforts individuels des colons, la métropole ne peut ni ne doit avoir la prétention de les diriger.

Cette marche du moins est celle qu'ont adoptée toutes les grandes nations colonisantes. Mais on doit remarquer qu'aucune d'elles n'avait centralisé le gouvernement dans son sein.

Il n'en a jamais été de même chez nous: on a vu au contraire la France s'efforcer sans cesse de transporter au delà des mers des principes de gouvernement et des habitudes administratives que repoussait la nature même des choses.

Nous avons fait remarquer que, chez nous, il était difficile de trouver des hommes de talent pour diriger des entreprises coloniales, tandis qu'en d'autres pays ils se présentent en foule. Soit donc manque de confiance dans ceux qu'il employait, soit plutôt jalousie du pouvoir et empire des habitudes, le gouvernement français a toujours fait des efforts surprenants pour conserver à la tête de la colonie la même place qu'il occupe au centre du royaume. On l'a vu vouloir juger ce qu'il ne pouvait connaître, réglementer une société différente de celle qui était sous ses yeux, pourvoir à des besoins qu'il ignorait et, pour faire meilleure justice, tenir tous les droits en suspens. Il a voulu tout prévoir à l'avance, il a craint de s'en rapporter au zèle ou plutôt à l'intérêt personnel des colons, il lui a fallu tout examiner, tout diriger, tout surveiller, tout faire par lui-même. Il a embrassé une oeuvre immense et s'est épuisé en vains efforts.

D'un autre côté, l'éducation politique que le colon français reçoit dans sa patrie l'a rendu jusqu'à présent peu propre à se passer facilement d'une tutelle. Transporté dans un lieu où, pour prospérer, il lui faut se diriger lui-même, il se montre gêné dans l'exercice de ses droits nouveaux. Si le gouvernement a la prétention de tout faire pour lui, lui, de son côté, n'est que trop porté à en appeler au gouvernement dans tous ses besoins : il ne se fie point à ses propres efforts, il se sent peu de goût pour l'indépendance et il faut presque le forcer à être libre.

L'exemple du monde a prouvé cependant que, si l'énergie individuelle et l'art de se gouverner soi-même étaient utiles à toutes les sociétés, il en était surtout ainsi pour celles qui naissent et se développent comme les colonies dans un isolement forcé.

L'histoire des derniers siècles présente, il faut l'avouer, un singulier spectacle.

On y voit la France entreprendre dans le Nouveau Monde un vaste système de colonies. Les plans sont habilement conçus, les lieux qu'elle désigne sont bien choisis : il s'agissait d'unir par une chaîne non interrompue d'établissements le Saint-Laurent au Mississipi et de fonder ainsi dans le centre de l'Amérique du Nord un nouvel empire français dont le Canada et la Louisiane eussent été les deux débouchés. De grands sacrifices d'hommes, d'énormes sacrifices d'argent et de soins sont faits par elle pour atteindre ce but. Le gouvernement s'occupe sans cesse de ces nouveaux établissements et n'abandonne jamais un seul instant le devoir de les diriger. Et pourtant malgré tant d'efforts les colonies languissent, la terre s'ouvre en vain devant les pas des Français, ils ne s'avancent point dans les déserts fertiles qui les entourent, la population ne croît qu'à peine, l'ignorance semble s'étendre, la société nouvelle reste stationnaire, elle ne gagne ni force ni richesse et elle succombe enfin après avoir lutté avec un courage héroïque contre l'agression étrangère.

Après le retour en Europe (1832-1859)

Près de là, sur le littoral de l'Océan, viennent s'établir des Anglais. Les uns sont envoyés par la mère-patrie, les autres se sont plutôt échappés de son sein. Une fois qu'ils ont mis le pied sur le sol américain, on dirait qu'ils sont devenus étrangers à l'Angleterre tant celle-ci semble peu préoccupée du soin de les gouverner. Ils ont dès le principe leurs assemblées politiques, leurs tribunaux, ils nomment la plupart de leurs magistrats, organisent leur milice, pourvoient à leurs besoins, font leurs règlements de police et leurs lois. La métropole ne se mêle presque en rien de leurs affaires intérieures, elle n'agit que pour protéger leur commerce et les garantir des attaques de l'étranger.

Et cependant ces établissements ainsi abandonnés à eux-mêmes, qui ne coûtent ni argent, ni soins, ni efforts à la mère-patrie, doublent leur population tous les vingt-deux ans et deviennent des foyers de richesses et de lumières.

Il faut le reconnaître, parce que l'expérience le démontre, fonder une colonie est pour la France se livrer à une entreprise pleine de périls et d'un succès incertain.

Fonder une colonie pénale est plus dangereux encore.

1835

La démocratie en Amérique

Du point de départ et de son importance pour l'avenir des anglo-américains

Un homme vient à naître ; ses premières années se passent obscurément parmi les plaisirs ou les travaux de l'enfance. Il grandit ; la virilité commence ; les portes du monde s'ouvrent enfin pour le recevoir ; il entre en contact avec ses semblables. On l'étudie alors pour la première fois, et l'on croit voir se former en lui le germe des vices et des vertus de son âge mûr.

C'est là, si je ne me trompe, une grande erreur.

Remontez en arrière, examinez l'enfant jusque dans les bras de sa mère; voyez le monde extérieur se refléter pour la première fois sur le miroir encore obscur de son intelligence ; contemplez les premiers exemples qui frappent ses regards; écoutez les premières paroles qui éveillent chez lui les puissances endormies de la pensée; assistez enfin aux premières luttes qu'il a à soutenir; et alors seulement vous comprendrez d'où viennent les préjugés, les habitudes et les passions qui vont dominer sa vie. L'homme est pour ainsi dire tout entier dans les langes de son berceau.

Il se passe quelque chose d'analogue chez les nations. Les peuples se ressentent toujours de leur origine. Les circonstances qui ont accompagné leur naissance et servi à leur développement influent sur tout le reste de leur carrière.

S'il nous était possible de remonter jusqu'aux éléments des sociétés et d'examiner les premiers monuments de leur histoire, je ne doute pas que nous ne pussions y découvrir la cause première des préjugés, des habitudes, des passions dominantes, de tout ce qui compose enfin ce qu'on appelle le caractère national; il nous arriverait d'y rencontrer l'explication d'usages qui, aujourd'hui, paraissent contraires aux mœurs régnantes; de lois qui semblent en opposition avec les principes reconnus; d'opinions incohérentes qui se rencontrent çà et là dans la société, comme ces fragments de chaînes brisées qu'on voit pendre encore quelquefois aux voûtes d'un vieil édifice, et qui ne soutiennent plus rien. Ainsi s'expliquerait la destinée de certains peuples qu'une force inconnue semble entraîner vers un but qu'eux-mêmes ignorent. Mais jusqu'ici les faits ont manqué à une pareille étude ; l'esprit d'analyse n'est venu aux nations qu'à mesure qu'elles vieillissaient, et lorsqu'elles ont enfin songé à contempler leur berceau, le temps l'avait déjà enveloppé d'un nuage, l'ignorance et l'orgueil l'avaient environné de fables, derrière lesquelles se cachait la vérité.

L'Amérique est le seul pays où l'on ait pu assister aux développements naturels et tranquilles d'une société, et où il ait été possible de préciser l'influence exercée par le point de départ sur l'avenir des États.

À l'époque où les peuples européens descendirent sur les rivages du nouveau monde, les traits de leur caractère national étaient déjà bien arrêtés ; chacun d'eux avait une physionomie distincte ; et comme ils étaient déjà arrivés à ce degré de civilisation qui porte les hommes à l'étude d'eux-mêmes, ils nous ont transmis le tableau fidèle de leurs opinions, de leurs mœurs et de leurs lois. Les hommes du XVe siècle nous sont presque aussi bien connus que ceux du nôtre. L'Amérique nous montre donc au grand jour ce que l'ignorance ou la barbarie des premiers âges a soustrait à nos regards.

Assez près de l'époque où les sociétés américaines furent fondées, pour connaître en détail leurs éléments, assez loin de ce temps pour pouvoir déjà juger ce que ces germes ont produit, les hommes de nos jours semblent être destinés à voir plus avant que leurs devanciers dans les événements humains. La Providence a mis à notre portée un flambeau qui manquait à nos pères, et nous a permis de discerner, dans la destinée des nations, des causes premières que l'obscurité du passé leur dérobait.

Lorsque, après avoir étudié attentivement l'histoire de l'Amérique, on examine avec soin son état politique et social, on se sent profondément convaincu de cette vérité : qu'il n'est pas une opinion, pas une habitude, pas une loi, je pourrais dire pas un événement, que le point de départ n'explique sans peine. Ceux qui liront ce livre trouveront donc dans le présent chapitre le germe de ce qui doit suivre et la clef de presque tout l'ouvrage.

Les émigrants qui vinrent, à différentes périodes, occuper le territoire que couvre aujourd'hui l'Union américaine, différaient les uns des autres en beaucoup de points: leur but n'était pas le même, et ils se gouvernaient d'après des principes divers.

Ces hommes avaient cependant entre eux des traits communs, et ils se trouvaient tous dans une situation analogue.

Le lien du langage est peut-être le plus fort et le plus durable qui puisse unir les hommes. Tous les émigrants parlaient la même langue, ils étaient tous enfants d'un même peuple. Nés dans un pays qu'agitait depuis des siècles la lutte des partis, et où les factions avaient été obligées tour à tour de se placer sous la protection des lois, leur éducation politique s'était faite à cette rude école, et on voyait répandus parmi eux plus de notions des droits, plus de principes de vraie liberté que chez la plupart des peuples de l'Europe. À l'époque des premières émigrations, le gouvernement communal, ce germe fécond des institutions libres, était déjà profondément entré dans les habitudes anglaises, et avec lui le dogme de la souveraineté du peuple s'était introduit au sein même de la monarchie des Tudors.

On était alors au milieu des querelles religieuses qui ont agité le monde chrétien. L'Angleterre s'était précipitée avec une sorte de fureur dans cette nouvelle carrière. Le caractère des habitants, qui avait toujours été grave et réfléchi, était devenu austère et argumentateur. L'instruction s'était beaucoup accrue dans ces luttes intellectuelles ; l'esprit y avait reçu une culture plus profonde. Pendant qu'on était occupé à parler religion, les mœurs étaient devenues plus pures. Tous ces traits généraux de la nation se retrouvaient plus ou moins dans la physionomie de ceux de ses fils qui étaient venus chercher un nouvel avenir sur les bords opposés de lOcéan.

Une remarque, d'ailleurs, à laquelle nous aurons occasion de revenir plus tard, est applicable non seulement aux Anglais, mais encore aux Français, aux Espagnols et à tous les Européens qui sont venus successivement s'établir sur les rivages du nouveau monde. Toutes les nouvelles colonies européennes contenaient, sinon le développement, du moins le germe d'une complète démocratie. Deux causes conduisaient à ce résultat : on peut dire qu'en général, à leur départ de la mère-patrie, les émigrants n'avaient aucune idée de supériorité quelconque les uns sur les autres. Ce ne sont guère les heureux et les puissants qui s'exilent, et la pauvreté ainsi que le malheur sont les meilleurs garants d'égalité que l'on connaisse parmi les hommes. Il arriva cependant qu'à plusieurs reprises de grands seigneurs passèrent en Amérique à la suite de querelles politiques ou religieuses. On y fit des lois pour y établir la hiérarchie des rangs, mais on s'aperçut bientôt que le sol américain repoussait absolument l'aristocratie territoriale. On vit que pour défricher cette terre rebelle il ne fallait rien moins que les efforts constants et intéressés du propriétaire lui-même. Le fonds préparé, il se trouva que ses produits n'étaient point assez grands pour enrichir tout à la fois un maître et un fermier. Le terrain se morcela donc naturellement en petits domaines que le propriétaire seul cultivait. Or, c'est à la terre que se prend l'aristocratie, c'est au sol qu'elle s'attache et qu'elle s'appuie; ce ne sont point les privilèges seuls qui l'établissent, ce n'est pas la naissance qui la constitue, c'est la propriété foncière héréditairement transmise. Une nation peut présenter d'immenses fortunes et de grandes misères ; mais si ces fortunes ne sont point territoriales, on voit dans son sein des pauvres et des riches; il n'y a pas, à vrai dire, d'aristocratie.

Toutes les colonies anglaises avaient donc entre elles, à l'époque de leur naissance, un grand air de famille. Toutes, dès leur principe, semblaient destinées à offrir le développement de la liberté, non pas la liberté aristocratique de leur mère-patrie, mais la liberté bourgeoise et démocratique dont l'histoire du monde ne présentait point encore de complet modèle.

Au milieu de cette teinte générale, s'apercevaient cependant de très fortes nuances, qu'il est nécessaire de montrer.

On peut distinguer dans la grande famille anglo-américaine deux rejetons principaux qui, jusqu'à présent, ont grandi sans se confondre entièrement, l'un au sud, l'autre au nord.

Alexis de Tocqueville

La Virginie reçut la première colonie anglaise. Les émigrants y arrivèrent en 1607. L'Europe, à cette époque, était encore singulièrement préoccupée de l'idée que les mines d'or et d'argent font la richesse des peuples : idée funeste qui a plus appauvri les nations européennes qui s'y sont livrées, et détruit plus d'hommes en Amérique, que la guerre et toutes les mauvaises lois ensemble. Ce furent donc des chercheurs d'or que l'on envoya en Virginie, gens sans ressources et sans conduite, dont l'esprit inquiet et turbulent troubla l'enfance de la colonie et en rendit les progrès incertains. Ensuite arrivèrent les industriels et les cultivateurs, race plus morale et plus tranquille, mais qui ne s'élevait presque en aucuns points au-dessus du niveau des classes inférieures d'Angleterre. Aucune noble pensée, aucune combinaison immatérielle ne présida à la fondation des nouveaux établissements. À peine la colonie était-elle créée qu'on y introduisait l'esclavage; ce fut là le fait capital qui devait exercer une immense influence sur le caractère, les lois et l'avenir tout entier du Sud.

L'esclavage, comme nous l'expliquerons plus tard, déshonore le travail ; il introduit l'oisiveté dans la société, et avec elle l'ignorance et l'orgueil, la pauvreté et le luxe. Il énerve les forces de l'intelligence et endort l'activité humaine. L'influence de l'esclavage, combinée avec le caractère anglais, explique les mœurs et l'état social du Sud.

Sur ce même fond anglais se peignaient au Nord des nuances toutes contraires. Ici on me permettra quelques détails.

C'est dans les colonies anglaises du Nord, plus connues sous le nom d'États de la Nouvelle-Angleterre, que se sont combinées les deux ou trois idées principales qui aujourd'hui forment les bases de la théorie sociale des États-Unis.

Les principes de la Nouvelle-Angleterre se sont d'abord répandus dans les États voisins ; ils ont ensuite gagné de proche en proche les plus éloignés, et ont fini, si je puis m'exprimer ainsi, par *pénétrer* la confédération entière. Ils exercent maintenant leur influence au-delà de ses limites, sur tout le monde américain. La civilisation de la Nouvelle-Angleterre a été comme ces feux allumés sur les hauteurs qui, après avoir répandu la chaleur autour d'eux, teignent encore de leurs clartés les derniers confins de l'horizon.

La fondation de la Nouvelle-Angleterre a offert un spectacle nouveau ; tout y était singulier et original.

Presque toutes les colonies ont eu pour premiers habitants des hommes sans éducation et sans ressources, que la misère et l'inconduite poussaient hors du pays qui les avait vus naître, ou des spéculateurs avides et des entrepreneurs d'industrie. Il y a des colonies qui ne peuvent pas même réclamer une pareille origine : Saint-Domingue a été fondé par des pirates, et de nos jours les cours de justice d'Angleterre se chargent de peupler l'Australie.

Les émigrants qui vinrent s'établir sur les rivages de la Nouvelle-Angleterre appartenaient tous aux classes aisées de la mère-patrie. Leur réunion sur le sol américain présenta, dès l'origine, le singulier phénomène d'une société où il ne se trouvait ni, grands seigneurs, ni peuple, et, pour ainsi dire, ni pauvres, ni riches. Il y avait, à proportion gardée, une plus grande masse de lumières répandue parmi ces hommes que dans le sein d'aucune nation européenne de nos jours. Tous, sans en excepter peut-être un seul, avaient reçu une éducation assez avancée, et plusieurs d'entre eux s'étaient fait connaître en Europe par leurs talents et leurs sciences. Les autres colonies avaient été fondées par des aventuriers sans famille, les émigrants de la Nouvelle-Angleterre apportaient avec eux d'admirables éléments d'ordre et de moralité ; ils se rendaient au désert accompagnés de leurs femmes et de leurs enfants. Mais ce qui les distinguait surtout de tous les autres, était le but même de leur entreprise. Ce n'était point la nécessité qui les forçait d'abandonner leur pays ; ils y laissaient une position sociale regrettable et des moyens de vivre assurés; ils ne passaient point non plus dans le nouveau monde afin d'y améliorer leur situation ou d'y accroître leurs richesses; ils s'arrachaient aux douceurs de la patrie pour obéir à un besoin purement intellectuel, en s'exposant aux misères inévitables de l'exil, ils voulaient faire triompher *une idée*.

Les émigrants, ou, comme ils s'appelaient si bien eux-mêmes, les *pèlerins* (pilgrims), appartenaient à cette secte d'Angleterre à laquelle l'austérité de ses principes avait fait donner le nom de puritaine. Le puritanisme n'était pas seulement une doctrine religieuse, il se confondait encore en plusieurs points avec les théories démocratiques et républicaines les plus absolues. De là lui étaient venus ses plus dangereux adversaires. Persécutés par le gouvernement de la mère-patrie, blessés dans la rigueur de leurs principes par la marche journalière de la société au sein de laquelle ils vivaient, les puritains cherchèrent une terre si barbare et si abandonnée du monde, qu'il fût encore permis d'y vivre à sa manière et d'y prier Dieu en liberté.

***

Des avantages du système fédératif, en général, et de son utilité spéciale pour l'Amérique

Chez les petites nations, l'œil de la société pénètre partout ; l'esprit d'amélioration descend jusque dans les moindres détails : l'ambition du peuple étant fort tempérée par sa faiblesse, ses efforts et ses ressources se tournent presque entièrement vers son bien-être intérieur, et ne sont point sujets à se dissiper en vaine fumée de gloire. De plus, les facultés de chacun y étant généralement bornées, les désirs le sont également. La médiocrité des fortunes y rend les conditions à peu près égales ; les mœurs y ont une allure simple et paisible. Ainsi, à tout prendre et en faisant état des divers degrés de moralité et de lumière, on rencontre ordinairement, chez les petites nations, plus d'aisance, de population et de tranquillité que chez les grandes.

Lorsque la tyrannie vient à s'établir dans le sein d'une petite nation, elle y est plus incommode que partout ailleurs, parce qu'agissant dans un cercle plus restreint, elle s'étend à tout dans ce cercle. Ne pouvant se prendre à quelque grand objet, elle s'occupe d'une multitude de petits ; elle se montre à la fois violente et tracassière. Du monde politique, qui est, à proprement parier, son domaine, elle pénètre dans la vie privée. Après les actions, elle aspire à régenter les goûts ; après l'État, elle veut gouverner les familles. Mais cela arrive rarement ; la liberté forme, à vrai dire, la condition naturelle des petites sociétés. Le gouvernement y offre trop peu d'appât à l'ambition, les ressources des particuliers y sont trop bornées, pour que le souverain pouvoir s'y concentre aisément dans les mains d'un seul. Le cas arrivant, il n'est pas difficile aux gouvernés de s'unir, et, par un effort commun, de renverser en même temps le tyran

Après le retour en Europe (1832-1859)

et la tyrannie.

Les petites nations ont donc été de tout temps le berceau de la liberté politique. Il est arrivé que la plupart d'entre elles ont perdu cette liberté en grandissant ; ce qui fait bien voir qu'elle tenait à la petitesse du peuple et non au peuple lui-même.

L'histoire du monde ne fournit pas d'exemple d'une grande nation qui soit restée longtemps en république [1], ce qui a fait dire que la chose était impraticable. Pour moi, je pense qu'il est bien imprudent à l'homme de vouloir borner le possible et juger l'avenir, lui auquel le réel et le présent échappent tous les jours, et qui se trouve sans cesse surpris à l'improviste dans les choses qu'il connaît le mieux. Ce qu'on peut dire avec certitude, c'est que l'existence d'une grande république sera toujours infiniment plus exposée que celle d'une petite.

Toutes les passions fatales aux républiques grandissent avec l'étendue du territoire, tandis que les vertus qui leur servent d'appui ne s'accroissent point suivant la même mesure.

L'ambition des particuliers augmente avec la puissance de l'État ; la force des partis, avec l'importance du but qu'ils se proposent ; mais l'amour de la patrie, qui doit lutter contre ces passions destructives, n'est pas plus fort dans une vaste république que dans une petite. Il serait même facile de prouver qu'il y est moins développé et moins puissant. Les grandes richesses et les profondes misères, les métropoles, la dépravation des mœurs, l'égoïsme individuel, la complication des intérêts, sont autant de périls qui naissent presque toujours de la grandeur de l'État. Plusieurs de ces choses ne nuisent point à l'existence d'une monarchie, quelques-unes mêmes peuvent concourir à sa durée. D'ailleurs, dans les monarchies, le gouvernement a une force qui lui est propre, il se sert du peuple et ne dépend pas de lui ; plus le peuple est grand, plus le prince est fort; mais le gouvernement républicain ne peut opposer à ces dangers que l'appui de la majorité. Or, cet élément de force n'est pas plus puissant, proportion gardée, dans une vaste république que dans une petite. Ainsi, tandis que les moyens d'attaque

---

1 Je ne parle point ici d'une confédération de petites républiques, mais d'une grande république consolidée. (Note de Tocqueville).

augmentent sans cesse de nombre et de pouvoir, la force de résistance reste la même. On peut même dire qu'elle diminue, car plus le peuple est nombreux et plus la nature des esprits et des intérêts se diversifie, plus par conséquent il est difficile de former une majorité compacte.

On a pu remarquer d'ailleurs que les passions humaines acquéraient de l'intensité, non seulement par la grandeur du but qu'elles veulent atteindre, mais aussi par la multitude d'individus qui les ressentent en même temps. Il n'est personne qui ne se soit trouvé plus ému au milieu d'une foule agitée qui partageait son émotion, que s'il eût été seul à l'éprouver. Dans une grande république, les passions politiques deviennent irrésistibles, non seulement parce que l'objet qu'elles poursuivent est immense, mais encore parce que des millions d'hommes les ressentent de la même manière et dans le même moment.

Il est donc permis de dire d'une manière générale que rien n'est si contraire au bien-être et à la liberté des hommes que les grands empires.

Les grands États ont cependant des avantages qui leur sont particuliers et qu'il faut reconnaître.

De même que le désir du pouvoir y est plus ardent qu'ailleurs parmi les hommes vulgaires, l'amour de la gloire y est aussi plus développé chez certaines âmes qui trouvent dans les applaudissements d'un grand peuple un objet digne de leurs efforts et propre à les élever en quelque sorte au-dessus d'elles-mêmes. La pensée y reçoit en toute chose une impulsion plus rapide et plus puissante, les idées y circulent plus librement, les métropoles y sont comme de vastes centres intellectuels où viennent resplendir et se combiner tous les rayons de l'esprit humain: ce fait nous explique pourquoi les grandes nations font faire aux lumières et à la cause générale de la civilisation des progrès plus rapides que les petites. Il faut ajouter que les découvertes importantes exigent souvent un développement de force nationale dont le gouvernement d'un petit peuple est incapable ; chez les grandes nations., le gouvernement a plus d'idées générales, il se dégage plus complètement de la routine des antécédents et de l'égoïsme des localités. Il y a plus de génie dans ses conceptions, plus de hardiesse dans ses allures.

Le bien-être intérieur est plus complet et plus répandu chez les petites nations, tant qu'elles se maintiennent en paix, mais l'état de guerre leur est plus nuisible qu'aux grandes. Chez celles-ci l'éloignement des frontières permet quelquefois à la masse du peuple de rester pendant des siècles éloignée du danger. Pour elle, la guerre est plutôt une cause de malaise que de ruine.

Il se présente d'ailleurs, en cette matière comme en beaucoup d'autres, une considération qui domine tout le reste : c'est celle de la nécessité.

S'il n'y avait que de petites nations et point de grandes, l'humanité serait à coup sûr plus libre et plus heureuse ; mais on ne peut faire qu'il n'y ait pas de grandes nations.

Ceci introduit dans le monde un nouvel élément de prospérité nationale, qui est la force. Qu'importe qu'un peuple présente l'image de l'aisance et de la liberté, s'il se voit exposé chaque jour à être ravagé ou conquis ? Qu'importe qu'il soit manufacturier et commerçant, si un autre domine les mers et fait la loi sur tous les marchés ? Les petites nations sont souvent misérables, non point parce qu'elles sont petites, mais parce qu'elles sont faibles ; les grandes prospèrent, non point parce qu'elles sont grandes, mais parce qu'elles sont fortes. La force est donc souvent pour les nations une des premières conditions du bonheur et même de l'existence. De là vient qu'à moins de circonstances particulières, les petits peuples finissent toujours par être réunis violemment aux grands ou par s'y réunir d'eux-mêmes. Je ne sache pas de condition plus déplorable que celle d'un peuple qui ne peut se défendre ni se suffire.

C'est pour unir les avantages divers qui résultent de la grandeur et de la petitesse des nations que le système fédératif a été créé.

Il suffit de jeter un regard sur les États-Unis d'Amérique pour apercevoir tous les biens qui découlent pour eux de l'adoption de ce système.

Chez les grandes nations centralisées, le législateur est obligé de donner aux lois un caractère uniforme que ne comporte pas la diversité des lieux et des mœurs ; n'étant jamais instruit des cas particuliers, il

Alexis de Tocqueville

ne peut procéder que par des règles générales; les hommes sont alors. obligés de se plier aux nécessités de la législation, car, la législation ne sait point s'accommoder aux besoins et aux mœurs des hommes; ce qui est une grande cause de troubles et de misères.

Cet inconvénient n'existe pas dans les confédérations [1] : le congrès règle les principaux actes de l'existence sociale ; tout le détail en est abandonné aux législations provinciales.

On ne saurait se figurer à quel point cette division de la souveraineté sert au bien-être de chacun des États dont l'Union se compose. Dans ces petites sociétés que ne préoccupe point le soin de se défendre ou de s'agrandir, toute la puissance publique et toute l'énergie individuelle sont tournées du côté des améliorations intérieures. Le gouvernement central de chaque État étant placé tout à côté des gouvernés est jour-nellement averti des besoins qui se font sentir: aussi voit-on présenter chaque année de nouveaux plans qui, discutés dans les assemblées communales ou devant la législature de l'État, et reproduits ensuite par la presse, excitent l'intérêt universel et le zèle des citoyens. Ce besoin d'améliorer agite sans cesse les républiques américaines et ne les

---

1 On remarque que les termes de fédération et de confédération, distingués soigneusement aujourd'hui, sont synonymes dans le vocabulaire de Tocqueville qui s'en tient à la langue de son temps. Mais il ne confondait pas les deux types de régimes dont il s'agit, puisqu'il écrivait dans *La Démocratie* (pp. 160-161) :
«L'esprit humain invente plus facilement les choses que les mots : de là vient l'usage de tant de termes impropres et d'expressions incomplètes.
«Plusieurs nations forment une ligue permanente et établissent une autorité suprême, qui, sans avoir action sur les simples citoyens, comme pourrait le faire un gouvernement national, a cependant action sur chacun des peuples confédérés pris en corps.
«Ce gouvernement, si différent de tous les autres, reçoit le nom de fédéral.
«On découvre ensuite une forme de société dans laquelle plusieurs peuples se fondent réellement en un seul quant à certains intérêts communs, et restent séparés et seulement confédérés pour tous les autres.
«Ici, le pouvoir central agit sans intermédiaire sur les gouvernés, les administre et les juge lui-même, comme le font les gouvernements nationaux, mais il n'agit ainsi que dans un cercle restreint. Évidemment, ce n'est plus là un gouvernement fédéral, c'est un gouvernement national incomplet. Ainsi on a trouvé une forme de gouvernement qui n'était précisément ni nationale ni fédérale ; mais on s'est arrêté là, et le mot nouveau qui doit exprimer la chose nouvelle n'existe point encore.»

Après le retour en Europe (1832-1859)

trouble pas; l'ambition du pouvoir y laisse la place à l'amour du bien-être, passion plus vulgaire, mais moins dangereuse. C'est une opinion généralement répandue en Amérique, que l'existence et la durée des formes républicaines dans le nouveau monde dépendent de l'existence et de la durée du système fédératif. On attribue une grande partie des misères dans lesquelles sont plongés les nouveaux États de l'Amérique du Sud à ce qu'on a voulu y établir de grandes républiques, au lieu d'y fractionner la souveraineté.

Il est incontestable, en effet, qu'aux États-Unis le goût et l'usage du gouvernement républicain sont nés dans les communes et au sein des assemblées provinciales. Chez une petite nation, comme le Connecticut, par exemple, où la grande affaire politique est l'ouverture d'un canal et le tracé d'un chemin, où l'État n'a point d'armée à payer ni de guerre à soutenir, et ne saurait donner à ceux qui le dirigent ni beaucoup de richesses, ni beaucoup de gloire, on ne peut rien imaginer de plus naturel et de mieux approprié à la nature des choses que la république. Or, c'est ce même esprit républicain, ce sont ces mœurs et ces habitudes d'un peuple libre qui, après avoir pris naissance et s'être développées dans les divers États, s'appliquent ensuite sans peine à l'ensemble du pays. L'esprit public de l'Union n'est en quelque sorte lui-même qu'un résumé du patriotisme provincial. Chaque citoyen des États-Unis transporte pour ainsi dire l'intérêt que lui inspire sa petite république dans l'amour de la patrie commune. En défendant l'Union, il défend la prospérité croissante de son canton, le droit d'en diriger les affaires, et l'espérance d'y faire prévaloir des plans d'amélioration qui doivent l'enrichir lui-même : toutes choses qui, pour l'ordinaire, touchent plus les hommes que les intérêts généraux du pays et la gloire de la nation.

D'un autre côté, si l'esprit et les mœurs des habitants les rendent plus propres que d'autres à faire prospérer une grande république, le système fédératif a rendu la tâche bien moins difficile. La confédération de tous les États américains ne présente pas les inconvénients ordinaires des nombreuses agglomérations d'hommes. L'Union est une grande république quant à l'étendue, mais on pourrait en quelque sorte l'assimiler à une petite république, à cause du peu d'objets dont s'occupe son gouvernement. Ses actes sont importants, mais ils sont

Alexis de Tocqueville

rares. Comme la souveraineté de l'Union est gênée et incomplète, l'usage de cette souveraineté n'est point dangereux pour la liberté. Il n'excite pas non plus ces désirs immodérés de pouvoir et de bruit qui sont si funestes aux grandes républiques. Comme tout n'y vient point aboutir nécessairement à un centre commun, on n'y voit ni vastes métropoles, ni richesses immenses, ni grandes misères, ni subites révolutions. Les passions politiques, au lieu de s'étendre en un instant, comme une nappe de feu, sur toute la surface du pays, vont se briser contre les intérêts et les passions individuelles de chaque État.

Dans l'Union cependant, comme chez un seul et même peuple, circulent librement les choses et les idées. Rien n'y arrête l'essor de l'esprit d'entreprise. Son gouvernement appelle à lui les talents et les lumières. En dedans des frontières de l'Union règne une paix profonde, comme dans l'intérieur d'un pays soumis au même empire; en dehors, elle prend rang parmi les plus puissantes nations de la terre, elle offre au commerce étranger plus de huit cent lieues de rivage; et tenant dans ses mains les clefs de tout un monde, elle fait respecter son pavillon jusqu'aux extrémités des mers.

L'Union est libre et heureuse comme une petite nation, glorieuse et forte comme une grande.

Ce qui fait que le système fédéral n'est pas à la portée de tous les peuples, et ce qui a permis aux anglo-américains de l'adopter

Le législateur parvient quelquefois, après mille efforts, a exercer une influence indirecte sur la destinée des nations, et alors on célèbre son génie, tandis que souvent la position géographique du pays, sur laquelle il ne peut rien, un état social qui s'est créé sans son concours, des mœurs et des idées dont il ignore l'origine, un point de départ qu'il ne connaît pas, impriment à la société des mouvements irrésistibles contre lesquels il lutte en vain, et qui l'entraînent à son tour.

Le législateur ressemble à l'homme qui trace sa route au milieu des mers. Il peut aussi diriger le vaisseau qui le porte, mais il ne saurait en changer la structure, créer les vents, ni empêcher l'Océan de se soulever sous ses pieds.

Après le retour en Europe (1832-1859)

J'ai montré quels avantages les Américains retirent du système fédéral. Il me reste à faire comprendre ce qui leur a permis d'adopter ce système ; car il n'est pas donné à tous les peuples de jouir de ses bienfaits.

On trouve dans le système fédéral des vices accidentels naissant des lois; ceux-là peuvent être corrigés par les législateurs. On en rencontre d'autres qui, étant inhérents au système, ne sauraient être détruits par les peuples qui l'adoptent. Il faut donc que ces peuples trouvent en eux-mêmes la force nécessaire pour supporter les imperfections naturelles de leur gouvernement.

Parmi les vices inhérents à tout système fédéral, le plus visible de tous est la complication des moyens qu'il emploie. Ce système met nécessairement en présence deux souverainetés. Le législateur parvient à rendre les mouvements de ces deux souverainetés aussi simples et aussi égaux que possible, et peut les renfermer toutes les deux dans des sphères d'action nettement tracées ; mais il ne saurait faire qu'il n'y en ait qu'une, ni empêcher qu'elles ne se touchent en quelque endroit.

Le système fédératif repose donc, quoi qu'on fasse, sur une théorie compliquée, dont l'application exige, dans les gouvernés, un usage journalier des lumières de leur raison.

Il n'y a, en général, que les conceptions simples qui s'emparent de l'esprit du peuple. Une idée fausse, mais claire et précise, aura toujours plus de puissance dans le monde qu'une idée vraie, mais complexe. De là vient que les partis, qui sont comme de petites nations dans une grande, se hâtent toujours d'adopter pour symbole un nom ou un principe qui, souvent, ne représente que très incomplètement le but qu'ils se proposent et les moyens qu'ils emploient, mais sans lequel ils ne pourraient subsister ni se mouvoir. Les gouvernements qui ne reposent que sur une seule idée ou un seul sentiment facile a définir ne sont peut-être pas les meilleurs, mais ils sont à coup sûr les plus forts et les plus durables.

Lorsqu'on examine la constitution des États-Unis, la plus parfaite de toutes les constitutions fédérales connues, on est effrayé, au contraire, de la multitude de connaissances diverses et du discernement qu'elle suppose chez ceux qu'elle doit régir. Le gouvernement de l'Union repose presque tout entier sur des fictions légales. L'Union est une nation idéale qui n'existe pour ainsi dire que dans les esprits, et dont l'intelligence seule découvre l'étendue et les bornes.

La théorie générale étant bien comprise, restent les difficultés d'application, elles sont sans nombre, car la souveraineté de l'Union est tellement engagée dans celle des États, qu'il est impossible, au premier coup d'œil, d'apercevoir leurs limites. Tout est conventionnel et artificiel dans un pareil gouvernement, et il ne saurait convenir qu'à un peuple habitué depuis longtemps à diriger lui-même ses affaires, et chez lequel la science politique est descendue jusque dans les derniers rangs de la société. Je n'ai jamais plus admiré le bon sens et l'intelligence pratique des Américains que dans la manière dont ils échappent aux difficultés sans nombre qui naissent de leur constitution fédérale. Je n'ai presque jamais rencontré d'homme du peuple, en Amérique, qui ne discernât avec une surprenante facilité les obligations nées des lois du Congrès et celles dont l'origine est dans les lois de son État, et qui, après avoir distingué les objets placés dans les attributions générales de l'Union de ceux que la législature locale doit régler, ne pût indiquer le point où commence la compétence des cours fédérales et la limite où s'arrête celle des tribunaux de l'État.

La constitution des États-Unis ressemble à ces belles créations de l'industrie humaine qui comblent de gloire et de biens ceux qui les inventent, mais qui restent stériles en d'autres mains.

C'est ce que le Mexique a fait voir de nos jours.

Les habitants du Mexique, voulant établir le système fédératif, prirent pour modèle et copièrent presque entièrement la constitution fédérale des Anglo-Américains leurs voisins. Mais en transportant chez eux la lettre de la loi, ils ne purent transporter en même temps l'esprit qui la vivifie. On les vit donc s'embarrasser sans cesse parmi les rouages de leur double gouvernement. La souveraineté des États et celle de l'Union, sortant du cercle que la constitution avait tracé, pénétrèrent chaque jour l'une dans l'autre. Actuellement encore, le Mexique est sans cesse entraîné de l'anarchie au despotisme militaire, et du despotisme militaire à l'anarchie.

Le second et le plus funeste de tous les vices, que je regarde comme inhérent au système fédéral lui-même, c'est la faiblesse relative du gouvernement de l'Union.

Le principe sur lequel reposent toutes les confédérations est le fractionnement de la souveraineté. Les législateurs rendent ce fractionnement peu sensible ; ils le dérobent même pour un temps aux regards, mais ils ne sauraient faire qu'il n'existe pas. Or, une souveraineté fractionnée sera toujours plus faible qu'une souveraineté complète.

On a vu, dans l'exposé de la constitution des États-Unis, avec quel art les Américains, tout en renfermant le pouvoir de l'Union dans le cercle restreint des gouvernements fédéraux, sont cependant parvenus à lui donner l'apparence et, jusqu'à un certain point, la force d'un gouvernement national.

En agissant ainsi, les législateurs de l'Union ont diminué le danger naturel des confédérations ; mais ils n'ont pu le faire disparaître entièrement.

Le gouvernement américain, dit-on, ne s'adresse point aux États : il fait parvenir immédiatement ses injonctions jusqu'aux citoyens, et les plie isolément sous l'effort de la volonté commune.

Mais si la loi fédérale heurtait violemment les intérêts et les préjugés d'un État, ne doit-on pas craindre que chacun des citoyens de cet État ne se crût intéressé dans la cause de l'homme qui refuse d'obéir ? Tous les citoyens de l'État, se trouvant ainsi lésés en même temps et de la même manière, par l'autorité de l'Union, en vain le gouvernement fédéral chercherait-il à les isoler pour les combattre : ils sentiraient instinctivement qu'ils doivent s'unir pour se défendre, et ils trouveraient une organisation toute préparée dans la portion de souveraineté dont on a laissé jouir leur État. La fiction disparaîtrait alors pour faire place à la réalité, et l'on pourrait voir la puissance organisée d'une partie du territoire en lutte avec l'autorité centrale.

Alexis de Tocqueville

J'en dirai autant de la justice fédérale. Si, dans un procès particulier, les tribunaux de l'Union violaient une loi importante d'un État, la lutte, sinon apparente, au moins réelle, serait entre l'État lésé représenté par un citoyen, et l'Union représentée par ses tribunaux. [1]

Il faut avoir bien peu d'expérience des choses de ce monde pour s'imaginer qu'après avoir laissé aux passions des hommes un moyen de se satisfaire, on les empêchera toujours, à l'aide de fictions légales, de l'apercevoir et de s'en servir.

Les législateurs américains, en rendant moins probable la lutte entre les deux souverainetés, n'en ont donc pas détruit les causes.

On peut même aller plus loin, et dire qu'ils n'ont pu, en cas de lutte, assurer au pouvoir fédéral la prépondérance.

Ils donnèrent à l'Union de l'argent et des soldats, mais les États gardèrent l'amour et les préjugés des peuples.

La souveraineté de l'Union est un être abstrait qui ne se rattache qu'à un petit nombre d'objets extérieurs. La souveraineté des États tombe sous tous les sens,- on la comprend sans peine; on la voit agir à chaque instant. L'une est nouvelle, l'autre est née avec le peuple lui-même.

La souveraineté de l'Union est l'œuvre de l'art. La souveraineté des États est naturelle; elle existe par elle-même, sans efforts, comme l'autorité du père de famille.

La souveraineté de l'Union ne touche les hommes que par quelques grands intérêts ; elle représente une patrie immense, éloignée, un

1 Exemple : la constitution a donné à l'Union le droit de faire vendre pour son compte les terres inoccupées. Je suppose que l'Ohio revendique ce même droit pour celles qui sont renfermées dans ses limites, sous le prétexte que la constitution n'a voulu parler que du territoire qui n'est encore soumis à aucune juridiction d'État, et qu'en conséquence il veuille lui-même les vendre. La question judiciaire se poserait, il est vrai, entre les acquéreurs qui tiennent leur titre de l'Union et les acquéreurs qui tiennent leur titre de l'État, et non pas entre l'Union et l'Ohio. Mais si la cour des États-Unis ordonnait que l'acquéreur fédéral fût mis en possession, et que les tribunaux de l'Ohio maintinsent dans ses biens son compétiteur, alors que deviendrait la fiction légale ! (Note de Tocqueville).

Après le retour en Europe (1832-1859)

sentiment vague et indéfini. La souveraineté des États enveloppe chaque citoyen, en quelque sorte, et le prend chaque jour en détail. C'est elle qui se charge de garantir sa propriété, sa liberté, sa vie ; elle influe à tout moment sur son bien-être ou sa misère. La souveraineté des États s'appuie sur les souvenirs, sur les habitudes, sur les préjugés locaux, sur l'égoïsme de province et de famille ; en un mot, sur toutes les choses qui rendent l'instinct de la patrie si puissant dans le cœur de l'homme. Comment douter de ses avantages ?

Puisque les législateurs ne peuvent empêcher qu'il ne survienne, entre les deux souverainetés que le système fédéral met en présence, des collisions dangereuses, il faut donc qu'à leurs efforts pour détourner les peuples confédérés de la guerre, il se joigne des dispositions particulières qui portent ceux-ci à la paix.

Il résulte de là que le pacte fédéral ne saurait avoir une longue existence, s'il ne rencontre, dans les peuples auxquels il s'applique, un certain nombre de conditions d'union qui leur rendent aisée cette vie commune et facilitent la tâche du gouvernement.

Ainsi, le système fédéral, pour réussir, n'a pas seulement besoin de bonnes lois, il faut encore que les circonstances le favorisent.

Tous les peuples qu'on a vus se confédérer avaient un certain nombre d'intérêts communs, qui formaient comme les liens intellectuels de l'association.

Mais outre les intérêts matériels, l'homme a encore des idées et des sentiments. Pour qu'une confédération subsiste longtemps, il n'est pas moins nécessaire qu'il y ait homogénéité dans la civilisation que dans les besoins des divers peuples qui la composent. Entre la civilisation du canton de Vaud et celle du canton d'Uri il y a comme du XIXe siècle au XVe : aussi la Suisse n'a-t-elle jamais eu, à vrai dire, de gouvernement fédéral. L'Union entre ses différents cantons n'existe que sur la carte; et l'on s'en apercevrait bien, si une autorité centrale voulait appliquer les mêmes lois à tout le territoire.

Il y a un fait qui facilite admirablement, aux États-Unis, l'existence du gouvernement fédéral. Les différents États ont non seulement les mêmes intérêts à peu près, la même origine et la même langue, mais encore le même degré de civilisation ; ce qui rend presque toujours l'accord entre eux chose facile. Je ne sais s'il y a si petite nation européenne qui ne présente un aspect moins homogène dans ses différentes parties que le peuple américain, dont le territoire est aussi grand que la moitié de l'Europe.

De l'État du Maine à l'État de Géorgie, on compte environ quatre cents lieues. Il existe cependant moins de différence entre la civilisation du Maine et celle de la Géorgie

qu'entre la civilisation de la Normandie et celle de la Bretagne. Le Maine et la Géorgie, placés aux deux extrémités d'un vaste empire, trouvent donc naturellement plus de facilités réelles à former une confédération que la Normandie et la Bretagne, qui ne sont séparées que par un ruisseau.

À ces facilités, que les mœurs et les habitudes du peuple offraient aux législateurs américains, s'enjoignaient d'autres qui naissaient de la position géographique du pays. Il faut principalement attribuer à ces dernières l'adoption et le maintien du système fédéral.

Le plus important de tous les actes qui peuvent signaler la vie d'un peuple, c'est la guerre. Dans la guerre, un peuple agit comme un seul individu vis-à-vis des peuples étrangers : il lutte pour son existence même.

Tant qu'il n'est question que de maintenir la paix dans l'intérieur d'un pays et de favoriser sa prospérité, l'habileté dans le gouvernement, la raison dans les gouvernés, et un certain attachement naturel que les hommes ont presque toujours pour leur patrie, peuvent aisément suffire; mais pour qu'une nation se trouve en état de faire une grande guerre, les citoyens doivent s'imposer des sacrifices nombreux et pénibles. Croire qu'un grand nombre d'hommes seront capables de se soumettre d'eux-mêmes à de pareilles exigences sociales, c'est bien mal connaître l'humanité.

De là vient que tous les peuples qui ont eu à faire de grandes guerres on été amenés, presque malgré eux, à accroître les forces du gouvernement. Ceux qui n'ont pas pu y réussir ont été conquis. Une longue guerre place presque toujours les nations dans cette triste alternative, que leur défaite les livre à la destruction, et leur triomphe au despotisme.

C'est donc, en général, dans la guerre que se révèle, d'une manière plus visible et plus dangereuse, la faiblesse d'un gouvernement ; et j'ai montré que le vice inhérent des gouvernements fédéraux était d'être très faibles.

Dans le système fédératif, non seulement il n'y a point de centralisation administrative ni rien qui en approche, mais la centralisation gouvernementale elle-même n'existe qu'incomplètement, ce qui est toujours une grande cause de faiblesse, lorsqu'il faut se défendre contre des peuples chez lesquels elle est complète.

Dans la constitution fédérale des États-Unis, celle de toutes où le gouvernement central est revêtu de plus de forces réelles, ce mal se fait encore vivement sentir.

Un seul exemple permettra au lecteur d'en juger.

La constitution donne au congrès le droit d'appeler la milice des différents États au service actif, lorsqu'il s'agit d'étouffer une insurrection ou de repousser une invasion ; un autre article dit que dans ce cas le président des États-Unis est le commandant en chef de la milice.

Lors de la guerre de 1812, le président donna l'ordre aux milices du Nord de se porter vers les frontières ; le Connecticut et le Massachusetts, dont la guerre lésait les intérêts, refusèrent d'envoyer leur contingent.

La constitution, dirent-ils, autorise le gouvernement fédéral à se servir des milices en cas d'*insurrection et* d'invasion ; or il n'y a, quant à présent, ni insurrection ni invasion. Ils ajoutèrent que la même constitution qui donnait à l'Union le droit d'appeler les milices en service actif laissait aux États le droit de nommer les officiers, il s'ensuivait, selon eux, que, même à la guerre, aucun officier de l'Union n'avait le droit de commander les milices, excepté le président en personne. Or, il s'agissait de servir dans une armée commandée par un autre que lui.

Ces absurdes et destructives doctrines reçurent non seulement la sanction des gouverneurs et de la législature, mais encore celle des cours de justice de ces deux États; et le gouvernement fédéral fut contraint de chercher ailleurs les troupes dont il manquait.

D'où vient donc que l'Union américaine, toute protégée qu'elle est par la perfection relative de ses lois, ne se dissout pas au milieu d'une grande guerre ? C'est qu'elle n'a point de grandes guerres à craindre.

Placée au centre d'un continent immense, où l'industrie humaine peut s'étendre sans bornes, l'Union est presque aussi isolée du monde que si elle se trouvait resserrée de tous côtés par l'Océan.

Le Canada ne compte qu'un million d'habitants, sa population est divisée en deux nations ennemies. Les rigueurs du climat limitent l'étendue de son territoire et ferment pendant six mois ses ports.

Du Canada au golfe du Mexique, on rencontre encore quelques tribus sauvages à moitié détruites, que six mille soldats poussent devant eux.

Au sud, l'Union touche par un point à l'empire du Mexique ; c'est de là probablement que viendront un jour les grandes guerres. Mais, pendant longtemps encore, l'état peu avancé de la civilisation, la corruption des mœurs et la misère, empêcheront le Mexique de prendre un rang élevé parmi les nations. Quant aux puissances de l'Europe, leur éloignement les rend peu redoutables.

Le grand bonheur des États-Unis n'est donc pas d'avoir trouvé une constitution fédérale qui leur permette de soutenir de grandes guerres, mais d'être tellement situés qu'il n'y en a pas pour eux à craindre.

Nul ne saurait apprécier plus que moi les avantages du système fédératif. J'y vois l'une des plus puissantes combinaisons en faveur de la prospérité et de la liberté humaines. J'envie le sort des nations

Après le retour en Europe (1832-1859)

auxquelles il a été permis de l'adopter. Mais je me refuse pourtant à croire que des peuples confédérés puissent lutter longtemps, à égalité de force, contre une nation où la puissance gouvernementale serait centralisée.

Le peuple qui, en présence des grandes monarchies militaires de l'Europe, viendrait à fractionner sa souveraineté, me semblerait abdiquer, par ce seul fait, son pouvoir, et peut-être son existence et son nom.

Admirable position du nouveau monde, qui fait que l'homme n'y a encore d'ennemis que lui-même! Pour être heureux et libre, il lui suffit de le vouloir.

***

Sur certaines des causes qui contribuent au maintien de la République démocratique aux États-Unis

En Europe, nous sommes habitués à regarder comme un grand danger social l'inquiétude de l'esprit, le désir immodéré des richesses, l'amour extrême de l'indépendance. Ce sont précisément toutes ces choses qui garantissent aux républiques américaines un long et paisible avenir. Sans ces passions inquiètes, la population se concentrerait autour de certains lieux et éprouverait bientôt, comme parmi nous, des besoins difficiles à satisfaire. Heureux pays que le nouveau monde, où les vices de l'homme sont presque aussi utiles à la société que ses vertus !

Ceci exerce une grande influence sur la manière dont on juge les actions humaines dans les deux hémisphères. Souvent les Américains appellent une louable industrie ce que nous nommons l'amour du gain, et ils voient une certaine lâcheté de cœur dans ce que nous considérons comme la modération des désirs.

En France, on regarde la simplicité des goûts, la tranquillité des mœurs, l'esprit de famille et l'amour du lieu de la naissance comme de grandes garanties de tranquillité et de bonheur pour l'État ; mais en Amérique, rien ne paraît plus préjudiciable à la société que de semblables vertus. Les Français du Canada, qui ont fidèlement conservé les traditions des anciennes mœurs, trouvent déjà de la difficulté à vivre sur leur territoire, et ce petit peuple qui vient de naître sera bientôt en proie aux misères des vieilles nations. Au Canada, les hommes qui ont le plus de lumières, de patriotisme et d'humanité, font des efforts extraordinaires pour dégoûter le peuple du simple bonheur qui lui suffit encore. Ils célèbrent les avantages de la richesse, de même que parmi nous ils vanteraient peut-être les charmes d'une honnête médiocrité, et ils mettent plus de soin à aiguillonner les passions humaines qu'ailleurs on n'emploie d'efforts pour les calmer. Échanger les plaisirs purs et tranquilles que la patrie présente au pauvre lui-même contre les stériles jouissances que donne le bien-être sous un ciel étranger ; fuir le foyer paternel et les champs où reposent ses aïeux; abandonner les vivants et les morts pour courir après la fortune, il n'y a rien qui à leurs yeux mérite plus de louanges.

De notre temps, l'Amérique livre aux hommes un fonds toujours plus vaste que ne saurait l'être l'industrie qui le fait valoir.

En Amérique, on ne saurait donc donner assez de lumières, car toutes les lumières, en même temps qu'elles peuvent être utiles à celui qui les possède, tournent encore au profit de ceux qui ne les ont point. Les besoins nouveaux n'y sont pas à craindre, puisque tous les besoins s'y satisfont sans peine : il ne faut pas redouter d'y faire naître trop de passions, puisque toutes les passions trouvent un aliment facile et salutaire ; on ne peut y rendre les hommes trop libres, parce qu'ils ne sont presque jamais tentés d'y faire un mauvais usage de la liberté.

***

Que les lois servent plus au maintien de la République démocratique aux États-Unis que les causes physiques, et les mœurs plus que les lois [1]

J'ai dit qu'il fallait attribuer le maintien des institutions démocratiques des États-Unis aux circonstances, aux lois et aux mœurs.

La plupart des Européens ne connaissent que la première de ces trois

---

1 Voir *La Démocratie, 1, p. 319* et suivantes.

causes, et ils lui donnent une importance prépondérante qu'elle n'a pas.

Il est vrai que les Anglo-Américains ont apporté dans le nouveau monde l'égalité des conditions. Jamais on ne rencontra parmi eux ni roturiers ni nobles ; les préjugés de naissance y ont toujours été aussi inconnus que les préjugés de profession. L'état social se trouvant ainsi démocratique, la démocratie n'eut pas de peine à établir son empire.

Mais ce fait n'est point particulier aux États-Unis ; presque toutes les colonies d'Amérique ont été fondées par des hommes égaux entre eux ou qui le sont devenus en les habitant. Il n'y a pas une seule partie du nouveau monde où les Européens aient pu créer une aristocratie.

Cependant les institutions démocratiques ne prospèrent qu'aux États-Unis.

L'Union américaine n'a point d'ennemis à combattre. Elle est seule au milieu des déserts comme une île au sein de l'Océan.

Mais la nature avait isolé de la même manière les Espagnols de l'Amérique du Sud, et cet isolement ne les a pas empêchés d'entretenir des armées. Ils se sont fait la guerre entre eux quand les étrangers leur ont manqué. Il n'y a que la démocratie anglo-américaine qui, jusqu'à présent, ait pu se maintenir en paix.

Le territoire de l'Union présente un champ sans bornes à l'activité humaine, il offre un aliment inépuisable à l'industrie et au travail. L'amour des richesses y prend donc la place de l'ambition, et le bien-être y éteint l'ardeur des partis.

Mais dans quelle portion du monde rencontre-t-on des déserts plus fertiles, de plus grands fleuves, des richesses plus intactes et plus inépuisables que dans l'Amérique du Sud ? Cependant l'Amérique du Sud ne peut supporter la démocratie. S'il suffisait aux peuples pour être heureux d'avoir été placés dans un coin de l'univers et de pouvoir s'étendre à volonté sur des terres inhabitées, les Espagnols de l'Amérique méridionale n'auraient pas à se plaindre de leur sort. Et quand ils ne jouiraient point du même bonheur que les habitants des État-Unis, ils devraient du moins se faire envier des peuples de l'Europe. Il n'y a cependant pas sur la terre de nations plus misérables que celles de l'Amérique du Sud.

Ainsi, non seulement les causes physiques ne peuvent amener des résultats analogues chez les Américains du Sud et ceux du Nord, mais elles ne sauraient même produire chez les premiers quelque chose qui ne fût pas inférieur à ce qu'on voit en Europe, où elles agissent en sens contraire.

Les causes physiques n'influent donc pas autant qu'on le suppose sur la destinée des nations.

J'ai rencontré des hommes de la Nouvelle-Angleterre prêts à abandonner une patrie où ils auraient pu trouver l'aisance, pour aller chercher fortune au désert. Près de là, j'ai vu la population française du Canada se presser dans un espace trop étroit pour elle, lorsque le même désert était proche ; et tandis que l'émigrant des États-Unis acquérait avec le prix de quelques journées de travail un grand domaine, le Canadien payait la terre aussi cher que s'il eût encore habité la France.

Ainsi la nature, en livrant aux Européens les solitudes du nouveau monde, leur offre des biens dont ils ne savent pas toujours se servir.

J'aperçois chez d'autres peuples de l'Amérique les mêmes conditions de prospérité que chez les Anglo-Américains, moins leurs lois et leurs mœurs ; et ces peuples sont misérables. Les lois et les mœurs des Anglo-Américains forment donc la raison spéciale de leur grandeur et la cause prédominante que je cherche.

Je suis loin de prétendre qu'il y ait une bonté absolue dans les lois américaines : je ne crois point qu'elles soient applicables à tous les peuples démocratiques ; et, parmi elles, il en est plusieurs qui, aux États-Unis même, me semblent dangereuses.

Cependant, on ne saurait nier que la législation des Américains, prise dans son ensemble, ne soit bien adaptée au génie du peuple qu'elle doit régir et à la nature du pays.

Après le retour en Europe (1832-1859)

Les lois américaines sont donc bonnes, et il faut leur attribuer une grande part dans le succès qu'obtient en Amérique le gouvernement de la démocratie ; mais je ne pense pas qu'elles en soient la cause principale. Et si elles me paraissent avoir plus d'influence sur le bonheur social des Américains que la nature même du pays, d'un autre côté j'aperçois des raisons de croire qu'elles en exercent moins que les mœurs.

Les lois fédérales forment assurément la portion la plus importante de la législation des États-Unis.

Le Mexique, qui est aussi heureusement située que l'Union anglo-américaine, s'est approprié ces mêmes lois, et il ne peut s'habituer au gouvernement de la démocratie.

Il y a donc une raison indépendante des causes physiques et des lois, qui fait que la démocratie peut gouverner les États-Unis.

Mais voici qui prouve plus encore. Presque tous les hommes qui habitent le territoire de l'Union sont issus du même sang. Ils parlent la même langue, prient Dieu de la même manière, sont soumis aux mêmes causes matérielles, obéissent aux mêmes lois.

D'où naissent donc les différences qu'il faut observer entre eux ?

Pourquoi, à l'est de l'Union, le gouvernement républicain se montre-t-il fort et régulier, et procède-t-il avec maturité et lenteur ? Quelle cause imprime à tous ses actes un caractère de sagesse et de durée ?

D'où vient, au contraire, qu'à l'ouest les pouvoirs de la société semblent marcher au hasard?

Pourquoi y règne-t-il dans le mouvement des affaires quelque chose de désordonné, de passionné, on pourrait presque dire de fébrile, qui n'annonce point un long avenir ?

Je ne compare plus les Anglo-Américains à des peuples étrangers; j'oppose maintenant les Anglo-Américains les uns aux autres, et je cherche pourquoi ils ne se ressemblent pas. Ici, tous les arguments tirés de la nature du pays et de la différence des lois me manquent en même temps. Il faut recourir à quelque autre cause; et cette cause, où la découvrirai-je, sinon dans les mœurs ?

C'est à l'est que les Anglo-Américains ont contracté le plus long usage du gouvernement de la démocratie, et qu'ils ont formé les habitudes et conçu les idées les plus favorables à son maintien. La démocratie y a peu à peu pénétré dans les usages, dans les opinions, dans les formes ; on la retrouve dans tout le détail de la vie sociale comme dans les lois. C'est à l'est que l'instruction littéraire et l'éducation pratique du peuple ont été le plus perfectionnées et que la religion s'est le mieux entremêlée à la liberté. Qu'est-ce que toutes ces habitudes, ces opinions, ces usages, ces croyances, sinon ce que j'ai appelé des mœurs ?

À l'ouest, au contraire, une partie des mêmes avantages manque encore. Beaucoup d'Américains des États de l'Ouest sont nés dans les bois, et ils mêlent à la civilisation de leurs pères les idées et les coutumes de la vie sauvage. Parmi eux, les passions sont plus violentes, la morale religieuse moins puissante, les idées moins arrêtées. Les hommes n'y exercent aucun contrôle les uns sur les autres, car ils se connaissent à peine. Les nations de l'Ouest montrent donc, jusqu'à un certain point, l'inexpérience et les habitudes déréglées des peuples naissants. Cependant les sociétés, dans l'Ouest, sont formées d'éléments anciens ; mais l'assemblage est nouveau.

Ce sont donc particulièrement les mœurs qui rendent les Américains des États-Unis, seuls entre tous les Américains, capables de supporter l'empire de la démocratie ; et ce sont elles encore qui font que les diverses démocraties anglo-américaines sont plus ou moins réglées et prospères.

Ainsi, l'on exagère en Europe l'influence qu'exerce la position géographique du pays sur la durée des institutions démocratiques. On attribue trop d'importance aux lois, trop peu aux mœurs. Ces trois grandes causes servent sans doute à régler et à diriger la démocratie américaine ; mais s'il fallait les classer, je dirais que les causes physiques y contribuent moins que les lois, et les lois moins que les mœurs.

Après le retour en Europe (1832-1859)

Je suis convaincu que la situation la plus heureuse et les meilleures lois ne peuvent maintenir une constitution en dépit des mœurs, tandis que celles-ci tirent encore parti des positions les plus défavorables et des plus mauvaises lois. L'importance des mœurs est une vérité commune à laquelle l'étude et l'expérience ramènent sans cesse. Il me semble que je la trouve placée dans mon esprit comme un point central ; je l'aperçois au bout de toutes mes idées.

Je n'ai plus qu'un mot à dire sur ce sujet.

Si je ne suis point parvenu à faire sentir au lecteur dans le cours de cet ouvrage l'importance que j'attribuais à l'expérience pratique des Américains, à leurs habitudes, à leurs opinions, en un mot à leurs mœurs, dans le maintien de leurs lois, j'ai manqué le but principal que je me proposais en l'écrivant.

**

[Les indiens aux prises avec la civilisation des européens]

Plusieurs nations considérables du Sud, entre autres celles des Chérokées et des Creeks se sont trouvées comme enveloppées par les Européens, qui, débarquant sur les rivages de l'Océan, descendant l'Ohio et remontant le Mississipi, arrivaient à la fois autour d'elles [1]. On ne les a point chassées de place en place, ainsi que les tribus du Nord, mais on les a resserrées peu à peu dans les limites trop étroites, comme des chasseurs font d'abord l'enceinte d'un taillis avant de pénétrer simultanément dans l'intérieur. Les Indiens, placés alors entre la civilisation et la mort, se sont vus réduits à vivre honteusement de leur travail comme les blancs; ils sont donc devenus cultivateurs; et sans quitter entièrement ni leurs habitudes, ni leurs mœurs, en ont sacrifié ce qui était absolument nécessaire à leur existence.

Les Chérokées allèrent plus loin ; ils créèrent une langue écrite, établirent une forme assez stable de gouvernement ; et, comme tout marche d'un pas précipité dans le nouveau monde, ils eurent un journal avant d'avoir tous des habits.

---

1 *La Démocratie, I, p. 344* et suivantes.

Alexis de Tocqueville

Ce qui a singulièrement favorisé le développement rapide des habitudes européennes chez ces Indiens a été la présence des métis. Participant aux lumières de son père sans abandonner entièrement les coutumes sauvages de sa race maternelle, le métis forme le lien naturel entre la civilisation et la barbarie. Partout où les métis se sont multipliés, on a vu les sauvages modifier peu à peu leur état social et changer leurs mœurs.

Le succès des Chérokées prouve donc que les Indiens ont la faculté de se civiliser, mais il ne prouve nullement qu'ils puissent y réussir.

Cette difficulté que trouvent les Indiens à se soumettre à la civilisation naît d'une cause générale à laquelle il leur est presque impossible de se soustraire.

Si l'on jette un regard attentif sur l'histoire, on découvre qu'en général les peuples barbares se sont élevés peu à peu d'eux-mêmes, et par leurs propres efforts, jusqu'à la civilisation.

Lorsqu'il leur est arrivé d'aller puiser la lumière chez une nation étrangère, ils occupaient alors vis-à-vis d'elle le rang de vainqueurs, et non la position de vaincus.

Lorsque le peuple conquis est éclairé et le peuple conquérant à demi sauvage, comme dans l'invasion de l'Empire romain par les nations du Nord, ou dans celle de la Chine par les Mongols, la puissance que la victoire assure au barbare suffit pour le tenir au niveau de l'homme civilisé et lui permettre de marcher son égal, jusqu'à ce qu'il devienne son émule ; l'un a pour lui la force, l'autre l'intelligence ; le premier admire les sciences et les arts des vaincus, le second envie le pouvoir des vainqueurs. Les barbares finissent par introduire l'homme policé dans leurs palais, et l'homme policé leur ouvre à son tour ses écoles. Mais quand celui qui possède la force matérielle jouit en même temps de la prépondérance intellectuelle, il est rare que le vaincu se civilise, il se retire ou est détruit.

C'est ainsi qu'on peut dire d'une manière générale que les sauvages vont chercher la lumière les armes à la main, mais qu'ils ne la reçoivent

Après le retour en Europe (1832-1859)

pas.

Si les tribus indiennes qui habitent maintenant le centre du continent pouvaient trouver en elles-mêmes assez d'énergie pour entreprendre de se civiliser, elles y réussiraient peut-être. Supérieures alors aux nations barbares qui les environneraient, elles prendraient peu à peu des forces et de l'expérience, et, quand les Européens paraîtraient enfin sur leurs frontières, elles seraient en état, sinon de maintenir leur indépendance, du moins de faire reconnaître leurs droits au sol et de s'incorporer aux vainqueurs. Mais le malheur des Indiens est d'entrer en contact avec le peuple le plus civilisé, et j'ajouterai le plus avide du globe, alors qu'ils sont encore eux-mêmes à moitié barbares ; de trouver dans leurs instituteurs des maîtres, et de recevoir à la fois l'oppression et la lumière.

Vivant au sein de la liberté des bois, l'Indien de l'Amérique du Nord était misérable, mais il ne se sentait inférieur à personne, du moment où il veut pénétrer dans la hiérarchie sociale des blancs, il ne saurait y occuper que le dernier rang; car il entre ignorant et pauvre dans une société où règnent la science et la richesse. Après avoir mené une vie agitée, pleine de maux et de dangers, mais en même temps remplie d'émotions et de grandeur [1] il lui faut se soumettre à une existence

[1] Il y a dans la vie aventureuse des peuples chasseurs je ne sais quel attrait irrésistible qui saisit le cœur de l'homme et l'entraîne en dépit de sa raison et de l'expérience. On peut se convaincre de cette vérité en lisant les *Mémoires de Tanner.*

Tanner est un Européen qui a été enlevé à l'âge de six ans par les Indiens, et qui est resté trente ans dans les bois avec eux. Il est impossible de rien voir de plus affreux que les misères qu'il décrit. Il nous montre des tribus sans chefs, des familles sans nations, des hommes isolés, débris mutilés de tribus puissantes, errant au hasard au milieu des glaces et parmi les solitudes désolées du Canada. La faim et le froid les poursuivent ; chaque jour la vie semble prête à leur échapper. Chez eux les mœurs ont perdu leur empire, les traditions sont sans pouvoir. Les hommes deviennent de plus en plus barbares. Tanner partage tous ces maux ; il connaît son origine européenne; il n'est point retenu de force loin des blancs; il vient au contraire chaque année trafiquer avec eux, parcourt leurs demeures, voit leur aisance; il sait que du jour où il voudra rentrer au sein de la vie civilisée il pourra facilement y parvenir, et il reste trente ans dans les déserts. Lorsqu'il retourne enfin au milieu d'une société civilisée, il confesse que l'existence dont il a décrit les misères a pour lui des charmes secrets qu'il ne saurait définir ; il y revient sans cesse après l'avoir quittée et ne s'arrache à tant de maux qu'avec mille regrets; et lorsqu'il est enfin fixé au milieu des blancs, plusieurs de ses enfants refusent de venir partager avec lui sa tranquillité et son aisance.

J'ai moi-même rencontré Tanner à l'entrée du lac Supérieur. Il m'a paru ressembler bien plus encore à un sauvage qu'à un homme civilisé.

Alexis de Tocqueville

monotone, obscure et dégradée. Gagner par de pénibles travaux et au milieu de l'ignominie le pain qui doit le nourrir, tel est à ses yeux l'unique résultat de cette civilisation qu'on lui vante.

Et ce résultat même, il n'est pas toujours sûr de l'obtenir.

Lorsque les Indiens entreprennent d'imiter les Européens leurs voisins, et de cultiver comme ceux-ci la terre, ils se trouvent aussitôt exposés aux effets d'une concurrence très funeste. Le blanc est maître des secrets de l'agriculture. L'Indien débute grossièrement dans un art qu'il ignore. L'un fait croître sans peine de grandes moissons, l'autre n'arrache des fruits à la terre qu'avec mille efforts.

L'Européen est placé au milieu d'une population dont il connaît et partage les besoins.

Le sauvage est isolé au milieu d'un peuple ennemi dont il connaît incomplètement les mœurs, la langue et les lois, et dont pourtant il ne saurait se passer. Ce n'est qu'en échangeant ses produits contre ceux des blancs qu'il peut trouver l'aisance, car ses compatriotes ne lui sont plus que d'un faible secours.

Ainsi donc, quand l'Indien veut vendre les fruits de ses travaux, il ne trouve pas toujours l'acheteur que le cultivateur européen découvre sans peine, et il ne saurait produire qu'à grands frais ce que l'autre livre à bas prix.

L'Indien ne s'est donc soustrait aux maux auxquels sont exposées les nations barbares que pour se soumettre aux plus grandes misères des peuples policés, et il rencontre presque autant dé difficultés à vivre au sein de notre abondance qu'au milieu de ses forêts.

Chez lui, cependant, les habitudes de la vie errante ne sont pas encore détruites. Les traditions n'ont pas perdu leur empire ; le goût

On ne trouve dans l'ouvrage de Tanner ni ordre ni goût ; mais l'auteur y fait, à son insu même, une peinture vivante des préjugés, des passions, des vices, et surtout des misères de ceux au milieu desquels il a vécu. (Note de Tocqueville).

Après le retour en Europe (1832-1859)

de la chasse n'est pas éteint. Les joies sauvages qu'il a éprouvées jadis au fond des bois se peignent alors avec de plus vives couleurs à son imagination troublée ; les privations qu'il y a endurées lui semblent au contraire moins affreuses, les périls qu'il y rencontrait moins grands. L'indépendance dont il jouissait chez ses égaux contraste avec la position servile qu'il occupe dans une société civilisée.

D'un autre côté, la solitude dans laquelle il a si longtemps vécu libre est encore près de lui; quelques heures de marche peuvent la lui rendre. Du champ à moitié défriché dont il tire à peine de quoi se nourrir, les blancs ses voisins lui offrent un prix qui lui semble élevé. Peut-être cet argent que lui présentent les Européens lui permettrait-il de vivre heureux et tranquille loin d'eux. Il quitte la charrue, reprend ses armes, et rentre pour toujours au désert.

On peut juger de la vérité de ce triste tableau par ce qui se passe chez les Creeks et les Chérokées, que j'ai cités.

Ces Indiens, dans le peu qu'ils ont fait, ont assurément montré autant de génie naturel que les peuples de l'Europe dans leurs plus vastes entreprises ; mais les nations, comme les hommes, ont besoin de temps pour apprendre, quels que soient leur intelligence et leurs efforts.

Pendant que ces sauvages travaillaient à se civiliser, les Européens continuaient à les envelopper de toutes parts et à les resserrer de plus en plus. Aujourd'hui, les deux races se sont enfin rencontrées ; elles se touchent. L'Indien est déjà devenu supérieur à son père le sauvage, mais il est encore fort inférieur au blanc son voisin. À l'aide de leurs ressources et de leurs lumières, les Européens n'ont pas tardé à s'approprier la plupart des avantages que la possession du sol pouvait fournir aux indigènes; ils se sont établis au milieu d'eux, se sont emparés de la terre ou l'ont achetée à vil prix, et les ont ruinés par une concurrence que ces derniers ne pouvaient en aucune façon soutenir. Isolés dans leur propre pays les Indiens n'ont plus formé qu'une petite colonie d'étrangers incommodes au milieu d'un peuple nombreux et dominateur.

Alexis de Tocqueville

***

[Les chances de durée de la fédération américaine]

Le territoire occupé de nos jours par les vingt-quatre États de l'Union et les trois grands districts qui ne sont pas encore placés au nombre des États, quoiqu'ils aient déjà des habitants, couvre une superficie de 131.144 lieues carrées, c'est-à-dire qu'il présente déjà une surface presque égale à cinq fois celle de la France. Dans ces limites se rencontrent un sol varié, des températures différentes et des produits très divers.

Cette grande étendue de territoire occupé par les républiques anglo-américaines a fait naître des doutes sur le maintien de leur union. Ici il faut distinguer : des intérêts contraires se créent quelquefois dans les différentes provinces d'un vaste empire et finissent par entrer en lutte : il arrive alors que le grandeur de l'État est ce qui compromet le plus sa durée. Mais si les hommes qui couvrent ce vaste territoire n'ont pas entre eux d'intérêts contraires, son étendue même doit servir à leur prospérité, car l'unité du gouvernement favorise singulièrement l'échange qui peut se faire des différents produits du sol, et en rendant leur écoulement plus facile, il en augmente la valeur.

Or je vois bien dans les différentes parties de. l'Union des intérêts différents, mais je n'en découvre pas qui soient contraires les uns aux autres.

Les États du Sud sont presque exclusivement cultivateurs, les États du Nord sont particulièrement manufacturiers et commerçants ; les États de l'Ouest sont en même temps manufacturiers et cultivateurs. Au Sud, on récolte du tabac, du riz, du coton et du sucre ; au Nord et à l'Ouest, du maïs et du blé. Voilà des sources diverses de richesses ; mais pour puiser dans ces sources, il y a un moyen commun et également favorable pour tous, c'est l'union.

Le Nord, qui charrie les richesses des Anglo-Américains dans toutes les parties du monde, et les richesses de l'univers dans le sein de l'Union, a un intérêt évident à ce que la confédération subsiste telle qu'elle est de nos jours, afin que le nombre des producteurs et des consommateurs américains qu'il est appelé à servir reste le plus grand possible. Le Nord est l'entremetteur le plus naturel entre le sud et l'ouest de l'Union, d'une part, et de l'autre le reste du monde; le Nord doit donc désirer que le Sud et l'Ouest restent unis et prospères, afin qu'ils fournissent à ses manufactures des matières premières et du fret à ses vaisseaux.

Le Sud et l'Ouest ont, de leur côté, un intérêt plus direct encore à la conservation de l'Union et à la prospérité du Nord. Les produits du Sud s'exportent, en grande partie, au-delà des mers ; le Sud et l'Ouest ont donc besoin des ressources commerciales du Nord. Ils doivent vouloir que l'Union ait une grande puissance maritime pour pouvoir les protéger efficacement. Le Sud et l'Ouest doivent contribuer volontiers aux frais d'une marine, quoiqu'ils n'aient pas de vaisseaux. car si les flottes de l'Europe venaient bloquer les ports du Sud et le delta du Mississipi, que deviendraient le riz des Carolines, le tabac de la Virginie, le sucre et le coton qui croissent dans les vallées du Mississipi» Il n'y a donc pas une portion du budget fédéral qui ne s'applique à la conservation d'un intérêt matériel commun à tous les confédérés.

Indépendamment de cette utilité commerciale, le Sud et l'Ouest de l'Union trouvent un grand avantage politique à rester unis entre eux et avec le Nord.

Le Sud renferme dans son sein une immense population d'esclaves, population menaçante dans le présent, plus menaçante encore dans l'avenir.

Les États de l'Ouest occupent le fond d'une seule vallée. Les fleuves qui arrosent le territoire de ces États, partant des montagnes Rocheuses ou des Alléghanys, viennent tous mêler leurs eaux à celles du Mississipi et roulent avec lui vers le golfe du Mexique. Les États de l'Ouest sont entièrement isolés, par leur position, des traditions de l'Europe et de la civilisation de l'ancien monde.

Les habitants du Sud doivent donc désirer de conserver l'Union, pour ne pas demeurer seuls en face des noirs, et les habitants de l'Ouest, afin de ne pas se trouver enfermés au sein de l'Amérique centrale sans communication libre avec l'univers.

Le Nord, de son côté, doit vouloir que l'Union ne se divise point, afin de rester comme l'anneau qui joint ce grand corps au reste du monde.

Il existe donc un lien étroit entre les intérêts matériels de toutes les parties de l'Union.

J'en dirai autant pour les opinions et les sentiments qu'on pourrait appeler les intérêts immatériels de l'homme.

Les habitants des États-Unis parlent beaucoup de leur amour pour la patrie; j'avoue que je ne me fie point à ce patriotisme réfléchi qui se fonde sur l'intérêt et que l'intérêt, en changeant d'objet, peut détruire.

Je n'attache pas non plus une très grande importance au langage des Américains, lorsqu'ils manifestent chaque jour l'intention de conserver le système fédéral qu'ont adopté leurs pères.

Ce qui maintient un grand nombre de citoyens sous le même gouvernement, c'est bien moins la volonté raisonnée de demeurer unis que l'accord instinctif et en quelque sorte involontaire qui résulte de la similitude des sentiments et de la ressemblance des opinions.

Je ne conviendrai jamais que des hommes forment une société par cela seul qu'ils reconnaissent le même chef et obéissent aux mêmes lois ; il n'y a société que quand des hommes considèrent un grand nombre d'objets sous le même aspect, lorsque, sur un grand nombre de sujets, ils ont les mêmes opinions. quand enfin les mêmes faits font naître en eux les mêmes impressions et les mêmes pensées.

Celui qui, envisageant la question sous ce point de vue, étudierait ce qui se passe aux États-Unis, découvrirait sans peine que leurs habitants, divisés comme ils le sont en vingt-quatre souverainetés distinctes, constituent cependant un peuple unique; et peut-être même arriverait-il à penser que l'état de société existe plus réellement au sein de l'Union anglo-américaine que parmi certaines nations de l'Europe qui n'ont pourtant qu'une seule législation et se soumettent à un seul homme.

Après le retour en Europe (1832-1859)

Quoique les Anglo-Américains aient plusieurs religions, ils ont tous la même manière d'envisager la religion.

Ils ne s'entendent pas toujours sur les moyens à prendre pour bien gouverner et varient sur quelques-unes des formes qu'il convient de donner au gouvernement, mais ils sont d'accord sur les principes généraux qui doivent régir les sociétés humaines. Du Maine aux Florides, du Missouri jusqu'à l'océan Atlantique, on croit que l'origine de tous les pouvoirs légitimes est dans le peuple. On conçoit les mêmes idées sur la liberté et l'égalité ; on professe les mêmes opinions sur la presse, le droit d'association, le jury, la responsabilité des agents du pouvoir.

Si nous passons des idées politiques et religieuses aux opinions philosophiques et morales qui règlent les actions journalières de la vie et dirigent l'ensemble de la conduite, nous remarquerons le même accord.

Les Anglo-Américains [1], placent dans la raison universelle l'autorité morale, comme le pouvoir politique dans l'universalité des citoyens, et ils estiment que c'est au sens de tous qu'il faut s'en rapporter pour discerner ce qui est permis ou défendu, ce qui est vrai ou faux. La plupart d'entre eux pensent que la connaissance de son intérêt bien entendu suffit pour conduire l'homme vers le juste et l'honnête. Ils croient que chacun en naissant a reçu la faculté de se gouverner lui-même, et que nul n'a le droit de forcer son semblable à être heureux. Tous ont une foi vive dans la perfectibilité humaine; ils jugent que la diffusion des lumières doit nécessairement produire des résultats utiles, l'ignorance amener des effets funestes, tous considèrent la société comme un corps en progrès; l'humanité comme un tableau changeant, où rien n'est et ne doit être fixe à toujours, et ils admettent que ce qui leur semble bien aujourd'hui peut demain être remplacé par le mieux qui se cache encore.

Je ne dis point que toutes ces opinions soient justes, mais elles sont

---

1 Je n'ai pas besoin, je pense, de dire que par ces expressions : les Anglo-Américains, j'entends seulement parler de la grande majorité d'entre eux. En dehors de cette majorité se tiennent toujours quelques individus isolés. (Note de Tocqueville).

américaines.

En même temps que les Anglo-Américains sont ainsi unis entre eux par des idées communes, ils sont séparés de tous les autres peuples par un sentiment, l'orgueil.

Depuis cinquante ans on ne cesse de répéter aux habitants des États-Unis qu'ils forment le seul peuple religieux, éclairé et libre. Ils voient que chez eux jusqu'à présent les institutions démocratiques prospèrent, tandis qu'elles échouent dans le reste du monde-, ils ont donc une opinion immense d'eux-mêmes, et ils ne sont pas éloignés de croire qu'ils forment une espèce à part dans le genre humain.

Ainsi donc les dangers dont l'Union américaine est menacée ne naissent pas plus de la diversité des opinions que de celle des intérêts. Il faut les chercher dans la. variété des caractères et dans les passions des Américains.

Les hommes qui habitent l'immense territoire des États-Unis sont presque tous issus d'une souche commune ; mais à la longue le climat et surtout l'esclavage ont introduit des différences marquées entre le caractère des Anglais du Sud des États-Unis et le caractère des Anglais du Nord.

On croit généralement parmi nous que l'esclavage donne a une portion de l'Union des intérêts contraires à ceux de J'autre. Je n'ai point remarqué qu'il en fût ainsi. L'esclavage n'a pas créé au Sud des intérêts contraires à ceux du Nord ; mais il a modifié le caractère des habitants du Sud, et leur a donné des habitudes différentes.

J'ai fait connaître ailleurs quelle influence avait exercée la servitude sur la capacité commerciale des Américains du Sud, cette même influence s'étend également à leurs mœurs.

L'esclave est un serviteur qui ne discute point et se soumet à tout sans murmurer. Quelquefois il assassine son maître, mais il ne lui résiste jamais. Dans le Sud il n'y a pas de familles si pauvres qui n'aient des esclaves. L'Américain du Sud, dès sa naissance, se trouve investi d'une sorte de dictature domestique; les premières notions qu'il reçoit de la vie lui font connaître qu'il est né pour commander, et la première habitude qu'il contracte est celle de dominer sans peine. L'éducation tend donc puissamment à faire de l'Américain du Sud un homme altier, prompt, irascible, violent, ardent dans ses désirs, impatient des obstacles, mais facile à décourager s'il ne peut triompher du premier coup.

L'Américain du Nord ne voit pas d'esclaves accourir autour de son berceau. Il n'y rencontre même pas de serviteurs libres, car le plus souvent il en est réduit à pourvoir lui-même à ses besoins. À peine est-il au monde que l'idée de la nécessité vient de toutes parts se présenter à son esprit; il apprend donc de bonne heure à connaître exactement par lui-même la limite naturelle de son pouvoir, il ne s'attend point à plier par la force-les volontés qui s'opposeront à la sienne, et il sait que, pour obtenir l'appui de ses semblables, il faut avant tout gagner leurs faveurs. Il est donc patient, réfléchi, tolérant, lent à agir, et persévérant dans ses desseins.

Dans les États méridionaux, les plus pressants besoins de l'homme sont toujours satisfaits. Ainsi l'Américain du Sud n'est point préoccupé par les soins matériels de la vie; un autre se charge d'y songer pour lui. Libre sur ce point, son imagination se dirige vers d'autres objets plus grands et moins exactement définis. L'Américain du Sud aime la grandeur, le luxe, la gloire, le bruit, les plaisirs, l'oisiveté surtout; rien ne le contraint à faire des efforts pour vivre, et comme il n'a pas de travaux nécessaires, il s'endort et n'en entreprend même pas d'utiles.

L'égalité des fortunes régnant au Nord, et l'esclavage n'y existant plus, l'homme s'y trouve comme absorbé par ces mêmes soins matériels que le blanc dédaigne au Sud. Depuis son enfance il s'occupe à combattre la misère, et il apprend à placer l'aisance au-dessus de toutes les jouissances de l'esprit et du cœur. Concentrée dans les petits détails de la vie, son imagination s'éteint, ses idées sont moins nombreuses et moins générales, mais elles deviennent plus pratiques, plus claires et plus précises. Comme il dirige vers l'unique étude du bien-être tous les efforts de son intelligence, il ne tarde pas à y exceller ; il sait admirablement tirer parti de la nature et des hommes pour produire la richesse; il comprend merveilleusement l'art de faire concourir la société à la prospérité de chacun de ses membres, et à extraire de l'égoïsme individuel le bonheur de tous.

L'homme du Nord n'a pas seulement de l'expérience, mais du savoir ; cependant il ne prise point la science comme un plaisir, il l'estime comme un moyen, et il n'en saisit avec avidité que les applications utiles.

L'Américain du Sud est plus spontané, plus spirituel, plus ouvert, plus généreux, plus intellectuel et plus brillant.

L'Américain du Nord est plus actif, plus raisonnable, plus éclairé et plus habile.

L'un a les goûts, les préjugés, les faiblesses et la grandeur de toutes les aristocraties.

L'autre, les qualités et les défauts qui caractérisent la classe moyenne.

Réunissez deux hommes en société, donnez à ces deux hommes les mêmes intérêts et en partie les mêmes opinions ; si leur caractère, leurs lumières et leur civilisation diffèrent, il y a beaucoup de chances pour qu'ils ne s'accordent pas. La même remarque est applicable à une société de nations.

L'esclavage n'attaque donc pas directement la confédération américaine par les intérêts, mais indirectement par les mœurs.

***

Conclusion

Voici que j'approche du terme. Jusqu'à présent, en parlant de la destinée future des États-Unis, je me suis efforcé de diviser mon sujet en diverses parties, afin d'étudier avec plus de soin chacune d'elles.

Je voudrais maintenant les réunir toutes dans un seul point de vue. Ce que je dirai sera moins détaillé, mais plus sûr. J'apercevrai moins distinctement chaque objet ; j'embrasserai avec plus de certitude les faits généraux. Je serai comme le voyageur qui, en sortant des murs d'une vaste cité, gravit la colline prochaine. À mesure qu'il s'éloigne, les hommes qu'il vient de quitter disparaissent à ses yeux; leurs demeures se confondent; il ne voit plus les places publiques; il discerne avec peine la trace des rues ; mais son oeil suit plus aisément les contours de la ville, et pour la première fois, il en saisit la forme. Il me semble que je découvre de même devant moi l'avenir entier de la race anglaise dans le nouveau monde. Les détails de cet immense tableau sont restés dans l'ombre; mais mon regard en comprend l'ensemble, et je conçois une idée claire du tout.

Le territoire occupé ou possédé de nos jours par les États-Unis d'Amérique forme à peu près la vingtième partie des terres habitées.

Quelque étendues que soient ces limites, on aurait tort de croire que la race anglo-américaine s'y renfermera toujours; elle s'étend déjà bien au-delà.

Il fut un temps où nous aussi nous pouvions créer dans les déserts américains une grande nation française et balancer avec les Anglais les destinées du nouveau monde [1]. La France a possédé autrefois dans l'Amérique du Nord un territoire presque aussi vaste que l'Europe entière. Les trois plus grands fleuves du continent coulaient alors tout entiers sous nos lois. Les nations indiennes qui habitent depuis l'embouchure du Saint-Laurent jusqu'au delta du Mississipi n'entendaient parier que notre langue ; tous les établissements européens répandus sur cet immense espace rappelaient le souvenir de la patrie: c'étaient Louisbourg, Montmorency, Duquesne, Saint-Louis, Vincennes, la Nouvelle-Orléans, tous noms chers à la France et familiers à nos oreilles.

Mais un concours de circonstances qu'il serait trop long d'énumérer, nous a privés de ce magnifique héritage. Partout où les Français étaient peu nombreux et mal établis, ils ont disparu. Le reste s'est aggloméré sur un petit espace et a passé sous d'autres lois. Les quatre cent mille

---

1 C'est sur ces mots de Tocqueville que Edmond de Nevers commence en 1896 son célèbre essai sur le peuple canadien-français. Voir Edmond de Nevers, *L'avenir du peuple canadien-français*, Fides, 1964, pp. 13-14.

Alexis de Tocqueville

Français du Bas-Canada forment aujourd'hui comme les débris d'un peuple ancien perdu au milieu des flots d'une nation nouvelle. Autour d'eux la population étrangère grandit sans cesse; elle s'étend de tous côtés; elle pénètre jusque dans les rangs des anciens maîtres du sol, domine dans leurs villes et dénature leur langue. Cette population est identique à celle des États-Unis. J'ai donc raison de dire que la race anglaise ne s'arrête point aux limites de l'Union, mais s'avance bien au-delà vers le nord-est.

Au nord-ouest, on ne rencontre que quelques établissements russes sans importance ; mais au sud-ouest, le Mexique se présente devant les pas des Anglo-Américains comme une barrière.

Ainsi donc, il n'y a plus, à vrai dire, que deux races rivales qui se partagent aujourd'hui le nouveau monde, les Espagnols et les Anglais.

Les limites qui doivent séparer ces deux races ont été fixées par un traité. Mais quelque favorable que soit ce traité aux Anglo-Américains, je ne doute point qu'ils ne viennent bientôt à l'enfreindre.

Au-delà des frontières de l'Union s'étendent, du côté du Mexique, de vastes provinces qui manquent encore d'habitants. Les hommes des États-Unis pénétreront dans ces solitudes avant ceux mêmes qui ont droit à les occuper. Ils s'en approprieront le sol, ils s'y établiront en société, et quand le légitime propriétaire se présentera enfin, il trouvera le désert fertilisé et des étrangers tranquillement assis dans son héritage.

La terre du nouveau monde appartient au premier occupant, et l'empire y est le prix de la course.

Les pays déjà peuplés auront eux-mêmes de la peine à se garantir de l'invasion.

J'ai déjà parlé précédemment de ce qui se passe dans la province du Texas. Chaque jour, les habitants des États-Unis s'introduisent peu à peu dans le Texas, ils y acquièrent des terres, et tout en se soumettant aux lois du pays, ils y fondent l'empire de leur langue et de leurs mœurs. La province du Texas est encore sous la domination du Mexique; mais

152

bientôt on n'y trouvera pour ainsi dire plus de Mexicains. Pareille chose arrive sur tous les points où les Anglo-Américains entrent en contact avec des populations d'une autre origine.

On ne peut se dissimuler que la race anglaise n'ait acquis une immense prépondérance sur toutes les autres races européennes du nouveau monde. Elle leur est très supérieure en civilisation, en industrie et en puissance. Tant qu'elle n'aura devant elle que des pays déserts ou peu habités, tant qu'elle ne rencontrera pas sur son chemin des populations agglomérées, à travers lesquelles il lui soit impossible de se frayer un passage, on la verra s'étendre sans cesse. Elle ne s'arrêtera pas aux lignes tracées dans les traités, mais elle débordera de toutes parts au-dessus de ces digues imaginaires.

Ce qui facilite encore merveilleusement ce développement rapide de la race anglaise dans le nouveau monde, c'est la position géographique qu'elle y occupe.

Lorsqu'on s'élève vers le nord au-dessus de ses frontières septentrionales, on rencontre les glaces polaires, et lorsqu'on descend de quelques degrés au-dessous de ses limites méridionales, on entre au milieu des feux de l'équateur. Les Anglais d'Amérique sont donc placés dans la zone la plus tempérée et la portion la plus habitable du continent.

On se figure que le mouvement prodigieux qui se fait remarquer dans l'accroissement de la population aux États-Unis ne date que de l'indépendance: c'est une erreur. La population croissait aussi vite sous le système colonial que de nos jours; elle doublait de même à peu près en vingt-deux ans. Mais on opérait alors sur des milliers d'habitants; on opère maintenant sur des millions. Le même fait qui passait inaperçu il y a un siècle frappe aujourd'hui tous les esprits.

Les Anglais du Canada, qui obéissent à un roi, augmentent de nombre et s'étendent presque aussi vite que les Anglais des États-Unis, qui vivent sous un gouvernement républicain.

Pendant les huit années qu'a duré la guerre de l'Indépendance, la population n'a cessé de s'accroître suivant le rapport précédemment indiqué.

Quoiqu'il existât alors, sur les frontières de l'Ouest, de grandes nations indiennes liguées avec les Anglais, le mouvement de l'émigration vers l'Occident ne s'est pour ainsi dire jamais ralenti. Pendant que l'ennemi ravageait les côtes de l'Atlantique, le Kentucky, les districts occidentaux de la Pennsylvanie, l'État de Vermont et celui du Maine se remplissaient d'habitants. Le désordre qui suivit la guerre n'empêcha point non plus la population de croître et n'arrêta pas sa marche progressive dans le désert. Ainsi la différence des lois, l'état de paix ou l'état de guerre, l'ordre ou J'anarchie, n'ont influé que d'une manière insensible sur le développement successif des Anglo-Américains.

Ceci se comprend sans peine, il n'existe pas de causes assez générales pour se faire sentir à la fois sur tous les points d'un si immense territoire. Ainsi il y a toujours une grande portion de pays où l'on est assuré de trouver un abris contre les calamités qui frappent l'autre, et quelque grands que soient les maux, le remède offert est toujours plus grand encore.

Il ne faut donc pas croire qu'il soit possible d'arrêter l'essor de la race anglaise du nouveau monde. Le démembrement de l'Union, en amenant la guerre sur le continent, l'abolition de la république, en y introduisant la tyrannie, peuvent retarder ses développements, mais non l'empêcher d'atteindre le complément nécessaire de sa destinée. Il n'y a pas de pouvoir sur la terre qui puisse fermer devant les pas des émigrants ces fertiles déserts ouverts de toutes parts à l'industrie et qui présentent un asile à toutes les misères. Les événements futurs, quels qu'ils soient, n'enlèveront aux Américains ni leur climat, ni leurs mers intérieures, ni leurs grands fleuves, ni la fertilité de leur sol. Les mauvaises lois, les révolutions et l'anarchie, ne sauraient détruire parmi eux le goût du bien-être et l'esprit d'entreprise qui semble le caractère distinctif de leur race, ni éteindre tout à fait les lumières qui les éclairent.

Ainsi, au milieu de l'incertitude de l'avenir, il y a du moins un événement qui est certain. À une époque que nous pouvons dire prochaine, puisqu'il s'agit ici de la vie des peuples, les Anglo-Américains couvriront seuls

Après le retour en Europe (1832-1859)

tout l'immense espace compris entre les glaces polaires et les tropiques; ils se répandront des grèves de l'océan Atlantique jusqu'aux rivages de la mer du Sud.

Je pense que le territoire sur lequel la race anglo-américaine doit un jour s'étendre égale les trois quarts de l'Europe. Le climat de l'Union est, à tout prendre, préférable à celui de l'Europe; ses avantages naturels sont aussi grands; il est évident que sa population ne saurait manquer d'être un jour proportionnelle à la nôtre.

L'Europe, divisée entre tant de peuples divers; l'Europe, à travers les guerres sans cesse renaissantes et la barbarie du moyen âge, est parvenue à avoir quatre cent dix habitants par lieue carrée. Quelle cause si puissante pourrait empêcher les États-Unis d'en avoir autant un jour ?

Il se passera bien des siècles avant que les divers rejetons de la race anglaise d'Amérique cessent de présenter une physionomie commune. On ne peut prévoir l'époque où l'homme pourra établir dans le nouveau monde l'inégalité permanente des conditions.

Quelles que soient donc les différences que la paix ou la guerre, la liberté ou la tyrannie, la prospérité ou la misère, mettent un jour dans la destinée des divers rejetons de la grande famille anglo-américaine, ils conserveront tous du moins un état social analogue et auront de commun les usages et les idées qui découlent de l'état social.

Le seul lien de la religion a suffi au moyen âge pour réunir dans une même civilisation les races diverses qui peuplèrent l'Europe. Les Anglais du nouveau monde ont entre eux mille autres liens, et ils vivent dans un siècle où tout cherche à s'égaliser parmi les hommes.

Le moyen âge était une époque de fractionnement. Chaque peuple, chaque province, chaque cité, chaque famille, tendaient alors fortement à s'individualiser. De nos jours, un mouvement contraire se fait sentir, les peuples semblent marcher vers l'unité. Des liens intellectuels unissent entre elles les parties les plus éloignées de la terre, et les hommes ne sauraient rester un seul jour étrangers les uns aux autres, ou ignorants de ce qui se passe dans un coin quelconque de l'univers: aussi remarque-t-on aujourd'hui moins de différence entre les Européens et leurs descendants du nouveau monde, malgré l'Océan qui les divise, qu'entre certaines villes du Mlle siècle qui n'étaient séparées que par une rivière.

Si ce mouvement d'assimilation rapproche des peuples étrangers, il s'oppose à plus forte raison à ce que les rejetons du même peuple deviennent étrangers les uns aux autres.

Il arrivera donc un temps où l'on pourra voir dans l'Amérique du Nord cent cinquante millions d'hommes, égaux entre eux, qui tous appartiendront à la même famille, qui auront le même point de départ, la même civilisation, la même langue, la même religion, les mêmes habitudes, les mêmes mœurs, et à travers lesquels la pensée circulera sous la même forme et se peindra des mêmes couleurs. Tout le reste est douteux, mais ceci est certain. Or, voici un fait entièrement nouveau dans le monde, et dont l'imagination elle-même ne saurait saisir la portée.

Il y a aujourd'hui sur la terre deux grands peuples qui, partis de points différents, semblent s'avancer vers le même but: ce sont les Russes et les Anglo-Américains.

Tous deux ont grandi dans l'obscurité ; et tandis que les regards des hommes étaient occupés ailleurs, ils se sont placés

tout à coup au premier rang des nations, et le monde a appris presque en même temps leur naissance et leur grandeur.

Tous les autres peuples paraissent avoir atteint à peu près les limites qu'a tracées la nature, et n'avoir plus qu'à conserver, mais eux sont en croissance : tous les autres sont arrêtés ou n'avancent qu'avec mille efforts; eux seuls marchent d'un pas aisé et rapide dans une carrière dont l'œil ne saurait encore apercevoir la borne.

L'Américain lutte contre les obstacles que lui oppose la nature, le Russe est aux prises avec les hommes. L'un combat le désert et la barbarie, l'autre la civilisation revêtue de toutes ses armes: aussi les conquêtes de l'Américain se font-elles avec le soc du laboureur, celles du Russe avec l'épée du soldat.

Pour atteindre son but, le premier s'en repose sur l'intérêt personnel, et laisse agir, sans les diriger, la force et la raison des individus.

Le second concentre en quelque sorte dans un homme toute la puissance de la société.

L'un a pour principal moyen d'action la liberté; l'autre, la servitude.

Leur point de départ est différent, leurs voies sont diverses-, néanmoins, chacun d'eux semble appelé par un dessein secret de la Providence à tenir un jour dans ses mains les destinées de la moitié du monde.

Alexis de Tocqueville

1838

[Sur la rébellion de 37]
(Compiègne)

Baugy, ce 3 janvier, 1838 [1]

Je viens de recevoir, mon cher ami, votre lettre. J'ai bien réfléchi à ce que vous m'y dites et je me vois forcé, à mon grand regret, de ne pas faire ce que vous désirez. Voici mes raisons que vous approuverez sans

---

1 En 1938, Edgard McInnis publait dans la *Canadian Historical Review* (vol. XIX, pp. 394-397) une lettre que Tocqueville a écrite à Henry Reeve sur les troubles survenus au Canada en 1837. L'original de cette lettre, conservé à la Bibliothèque de l'Université de Toronto, a malheureusement échappé à l'attention de J.-P. Mayer qui a omis de la publier avec la *Correspondance anglaise* de Tocqueville dans la nouvelle édition des *Oeuvres complètes*. Aussi, les commentaires du grand analyste politique sur les événements de 37 sont restés jusqu'ici largement ignores.

Sur les circonstances qui ont amené Tocqueville a écrire cette lettre, McInnis s'explique dans les termes que voici :

«When, on December 22, 1837, the news of the Canadian rebellion reached London, the clerk of the privy council was a young journalist named Henry Reeve. Appointed to this post only the previous month, he was perhaps less absorbed in his clerical duties than in his literary activities. Chief among these was his translation of Tocqueville's *Democracy in America,* the first part of which he had published in 1835, and on the second part of which he was at the moment engaged.

The news from Canada appears to have roused all Reeve's journalistic instincts. Tocqueville, with whom he was in familiar correspondence, was an acknowledged authority on conditions across the Atlantic. His impressions of the situation in Canada would be of particular value in the present case. Reeve immediately suggested to Lansdowne, the president of the council, 'hat Tocqueville should be asked for his views.

Lansdowne replied with guarded approval. "Doubtless any statement of Tocqueville's views on the present aspect of Canadian affairs if it can be procured will be valuable, considering how peculiarly qualified he is from his position and character to act the part of an impartial observer." With a cautious speculation about the advisability of making such a statement public, he concluded: "There is certainly no authority, which I should quote if the occasion arose with greater confidence in debate if permitted to do so."

Apparently, however, Reeve had not waited for Lansdowne's response. Lansdowne's letter is dated January 2; Tocqueville writes on January 3 the letter which is printed below. It can hardly have been the letter that Reeve hoped for. Tocqueville explains certain reasons for his restraint; and there are others, left unexplained, which might well have moved him to caution in so delicate a situation."

Le texte de la lettre établi par McInnis comportait de nombreuses erreurs d'orthographe que nous nous sommes permis de corriger. (J.V.)

Après le retour en Europe (1832-1859)

doute.

Si je vous écrivais une lettre qui ne doit pas être publiée, le bruit ne manquerait pas de se répandre, votre position étant maintenant officielle, que j'ai fourni des renseignements sur le Canada au gouvernement anglais, ce qui serait mal interprété par bien de gens, attendu surtout que j'appartiens à la race de l'un des deux peuples qui semblait vouloir entrer en lutte.

Je n'aurais donc pu vous envoyer qu'un article de journal, mais ici un autre ordre de difficultés se présente: à l'heure qu'il est, c'est une tâche très délicate que celle de traiter la question du Canada devant un public anglais, quand on est Français. Vous comprenez cela sans que je le développe. D'une autre part, vous sentez qu'il ne me convient pas de fournir pour une pareille matière des à peu près, quelques mots de ces notions vagues et générales qui peuvent rendre une lettre intéressante, mais qui ne sauraient suffire à un article signé. Or, je ne pourrais vous fournir que des notions de cette espèce, car il y a six ans passés que j'ai quitté le Canada, je n'ai fait à cette époque que l'entrevoir en quelque sorte; depuis je n'ai aperçu que de très loin ce qui s'y passait, n'y ayant pas conservé une seule correspondance; en faisant ce que vous désirez, je risquerais donc de compromettre ma position sans vous être utile.

Voilà, mon cher ami, ce qui m'empêche de satisfaire à votre demande, je me bornerai donc à vous dire d'une manière générale et de vous à moi seulement, que la situation actuelle du Canada me paraît un fait extrêmement grave qui mérite d'attirer l'attention toute particulière de vos législateurs. Les Canadiens forment un peuple à part en Amérique, peuple qui a une nationalité distincte et vivace, peuple neuf et sain, dont l'origine est toute guerrière, qui a sa langue, sa religion, ses lois, ses mœurs, qui est plus aggloméré qu'aucune autre population du nouveau monde, qu'on pourra vaincre mais non fondre par la force dans le lieu de la race anglo-américaine. Le temps seul pourrait amener ce résultat, mais non la législation ni l'épée. À l'époque de mon passage, les Canadiens étaient pleins de préjugés contre les Anglais qui habitaient au milieu d'eux, mais ils semblaient sincèrement attachés au gouvernement anglais qu'ils regardaient comme un arbitre désintéressé placé entre eux et cette population anglaise qu'ils redoutaient.

Alexis de Tocqueville

Comment est-il arrivé qu'ils soient devenus les ennemis du même gouvernement ? Je l'ignore, mais j'ai peine à croire que l'administration coloniale n'ait pas quelques grands reproches à se faire, sinon pour le fond des choses au moins pour la forme. Cette position de l'Angleterre me paraissait singulièrement heureuse alors, à ce point que j'étais porté à croire que votre nation ne devait de garder encore la possession du Canada qu'à cette co-existence de deux peuples différents sur le même sol. S'ils n'y avaient eu que des Anglais, ils n'auraient pas tardé à devenir des Américains. Comment avez-vous perdu cette position particulière et favorable ? Je ne le sais pas.

En résumé, mon cher ami, méfiez-vous de ce que les Anglais établis au Canada et les Américains des États-Unis vous disent de la population canadienne. lis ne la voyent qu'à travers d'incroyables préjugés et ils perdront le gouvernement qui ne verra lui-même que par leurs yeux. Tenez pour constant que si la guerre civile du Canada devenait jamais une lutte complète et prolongée de race à race, la colonie serait perdue pour la Grande-Bretagne. Les Canadiens sont très inférieurs à leur voisins dans l'art de produire la richesse ; ce sont des commerçants et surtout des pionniers moins entreprenants qui seront tôt ou tard enveloppés et resserrés dans de certaines limites par les hommes de race anglaise. Mais il n'en forment pas moins une peuplade énergique, susceptible d'enthousiasme, de dévouement, d'efforts violents et soudains, chez laquelle les traditions des guerres d'Amérique existent toujours et qu'on ne forcera jamais à rester pendant longtemps, malgré elle, attachée à la métropole. Le grand point est donc de la lui faire vouloir.

Telle est, mon cher ami, en gros et pour vous seul, mon impression générale sur la crise actuelle.

Maintenant, passons à autre chose.

1847

[Remarques incidentes sur le rapport Durham]

La centralisation des affaires à Paris, ne fût-elle pas plus complète pour l'Afrique que pour nos départements de France, ce serait déjà un grand mal [1]. Tel principe qui, en cette matière, doit être maintenu comme tutélaire sur le territoire du royaume devient destructeur dans la colonie. On comprendra bien ceci par un seul exemple.

Quoi de plus naturel et de plus nécessaire que les règles posées en France pour J'aliénation ou le louage du domaine de l'État? Rien, en cette matière, ne peut se faire qu'en vertu soit d'une loi, soit d'une ordonnance, soit d'un acte ministériel ; en d'autres termes, c'est toujours le pouvoir central qui agit sous une forme ou sous une autre. Appliquez rigoureusement les principes de cette législation à l'Afrique, vous suspendez aussitôt la vie sociale elle-même. La création d'une colonie n'est, à proprement parler, autre chose que J'aliénation incessante du domaine de l'État en faveur de particuliers qui viennent s'établir dans la contrée nouvelle. Que l'État qui veut coloniser se réserve le droit de fixer à quelles conditions et suivant quelles règles le domaine public doit être concédé ou loué, cela se comprend sans peine: en cette matière, c'est la loi elle-même qui devrait poser les règles. Qu'on réserve au pouvoir central seul le droit d'aliéner d'un seul coup une vaste étendue de territoire, rien de mieux encore, mais que, pour chaque parcelle de terrain, quelque minime qu'elle soit, qu'on veut vendre ou louer dans la colonie, il faille venir s'adresser à une autorité de la métropole, il est permis de dire que cela est peu raisonnable; car la disposition du domaine dans une colonie, en faveur des émigrants, nous le répétons, c'est l'opération-mère. La rendre lente et difficile, c'est plus que gêner le corps social, c'est l'empêcher de naître.

1 Bien après son séjour en Amérique, Tocqueville a continué de s'intéresser aux questions coloniales. Divers travaux le montrent alors préoccupé aussi bien de l'abolition de l'esclavage, de la domination anglaise des Indes que de la colonisation de l'Algérie. Devenu membre du Parlement français en 1839, l'Algérie allait être au centre de ses préoccupations. Non content d'y consacrer études et discours, il y séjourna en 1841 et en 1846, À titre de rapporteur de l'une des commissions de la chambre, il déposa en mai 1847 un long rapport sur l'Algérie, Nous en tirons ces brèves allusions au célèbre rapport Durham. Voir dans les Oeuvres complètes (Mayer), le volume Écrits et discours politiques, pp. 308-379 et, pour ces "remarques incidentes", es pages 333 et 334.

Alexis de Tocqueville

La commission dont M. Charles Buller a été le rapporteur, et qui fut envoyée, en 1838, au Canada, sous la présidence de lord Durham, pour rechercher quelles étaient les causes qui empêchaient la population de se développer dans cette province aussi rapidement que dans les États-Unis, attribue l'une des principales à la nécessité où sont tous les émigrants qui veulent se fixer dans la colonie, de venir chercher leur titre de propriété à Québec, chef-lieu de la province, au lieu de l'obtenir partout sur place, comme aux États-Unis.

En Afrique, on ne saurait acheter ni louer un mètre du sol appartenant à l'État sans une longue instruction, qui ne se termine qu'après avoir abouti à M. le ministre de la Guerre.

Une seule exception a été faite à cette règle, en faveur de la province d'Oran. Là, le gouvernement local a été autorisé à concéder le domaine, sauf ratification de la part du ministre, à certaines conditions, et jusqu'à une certaine limite, indiquée à l'avance. Tous ceux qui connaissent la province d'Oran pensent que le grand mouvement d'émigration et de colonisation qui a eu lieu depuis un an dans cette partie de l'Algérie, tient principalement à ce que chacun des colons qui se présente est sûr d'être aussitôt placé.

Nous croyons devoir signaler à l'attention de la Chambre, comme un document utile à consulter, le rapport de la commission du Canada, dont nous parlions tout à l'heure. Ce rapport jette de grandes lumières, non seulement sur la question du Canada, mais sur celle de l'Algérie. Les causes qui font échouer ou réussir la colonisation dans un pays nouveau sont si analogues, quel que soit ce pays, qu'en lisant ce que M. Buller dit du Canada, on croit souvent entendre parler de l'Afrique. Ce sont les mêmes fautes produisant les mêmes malheurs. On retrouve là, comme en Algérie, les misères des émigrants à leur arrivée, le désordre de la propriété, l'inculture, l'absence de capital, la ruine du pauvre qui veut prématurément devenir propriétaire, l'agiotage stérilisant le sol ... [1]

---

1 En relation avec la colonisation en Algérie, on trouve chez Tocqueville d'autres brèves remarques touchant le Canada. En 1841, pendant son séjour en Algérie, il note:
« Le fait est qu'aucune de *nos colonies* n'a jamais dans *aucun* temps été traitée comme Alger. Toutes, sous une forme ou sous une autre, ont admis une action de la population locale ou tout au moins ont laissé aux autorités locales l'administration des revenus locaux. Alger est une singularité en mal, même au milieu

1856

[L'ancien régime au Canada]
Comment c'est au canada qu'on pouvait le mieux juger la
centralisation administrative de l'ancien régime [1]

C'est dans les colonies qu'on peut le mieux juger la physionomie du
gouvernement de la métropole, parce que c'est là que d'ordinaire tous
les traits qui la caractérisent grossissent et deviennent plus visibles.
Quand je veux juger l'esprit de l'administration de Louis XIV et ses
vices, c'est au Canada que je dois aller. On aperçoit alors la difformité
de l'objet comme dans un microscope.

Au Canada, une foule d'obstacles que les faits antérieurs ou l'ancien
état social opposaient, soit ouvertement, soit secrètement, au libre
développement de l'esprit du gouvernement, n'existaient pas. La
noblesse ne s'y voyait presque point, ou du moins elle y avait perdu
presque toutes ses racines ; l'Église n'y avait plus sa position domi-
nante ; les traditions féodales y étaient perdues ou obscurcies; le
pouvoir judiciaire n'y était plus enraciné dans de vieilles institutions
et de vieilles mœurs, Rien n'y empêchait le pouvoir central de s'y
abandonner à tous ses penchants naturels et d'y façonner toutes les lois
suivant l'esprit qui l'animait lui-même. Au Canada, donc, pas l'ombre
d'institutions municipales ou provinciales, aucune force collective
autorisée, aucune initiative individuelle permise. Un intendant ayant

de notre détestable système de colonisation. Savoir plus au juste ce qui se passait jadis
au Canada et à Saint-Domingue et ce qui arrivait, il y a dix ans, dans nos Antilles. »
(Voyages II, p. 205)
      En 1846, lors d'un débat survenu à la Chambre, sur les
difficultés qui se sont présentées et se présenteront dans les pays nouveaux, il fait une
première allusion, sans le mentionner cette fois, au rapport Durham (voir Écrits et
discours politiques p. 297). Enfin, en juin 1847, dans un autre rapport déposé devant la
Chambre, il donne en exemple un plan de colonisation militaire du Canada. tracé par
Vauban, plan qui, du reste, ne fut jamais appliqué (op. cit., pp. 393-394).

1 En 1856, Tocqueville vivant à l'écart d'une vie publique abandonnée au moment
du coup d'état de Louis-Napoléon Bonaparte (décembre 1851) faisait paraître, avec
l'Ancien Régime et la Révolution, la première partie de son étude sur la Révolution
française. Sa mort. survenue en 1859, allait l'empêcher d'achever l'œuvre commencée.
Il est fait mention du Canada aussi bien dans l'ouvrage de 1856 que dans les ébauches
de ce qui devait y faire suite. Notre premier texte est constitué d'une note de l'ouvrage
de 1856. Voir dans les Oeuvres complètes, l'Ancien Régime et la Révolution, volume
premier, pp. 286-287.

Alexis de Tocqueville

une position bien autrement prépondérante que celle qu'avaient ses pareils en France; une administration se mêlant encore de bien plus de choses que dans la métropole, et voulant de même faire tout de Paris, malgré les dix-huit cents lieues qui l'en séparent; n'adoptant jamais les grands principes qui peuvent rendre une colonie peuplée et prospère, mais, en revanche, employant toutes sortes de petits procédés artificiels et de petites tyrannies réglementaires pour accroître et répandre la population: culture obligatoire, tous les procès naissant de la concession des terres retirés aux tribunaux et remis au jugement de l'administration seule, nécessité de cultiver d'une certaine manière, obligation de se fixer dans certains lieux plutôt que dans d'autres, etc., cela se passe sous Louis XIV ; ces édits sont contresignés Colbert. On se croirait déjà en pleine centralisation moderne, et en Algérie. Le Canada est en effet l'image fidèle de ce qu'on a toujours vu là. Des deux côtés on se trouve en présence de cette administration presque aussi nombreuse que la population, prépondérante, agissante, réglementante, contraignante, voulant prévoir tout, se chargeant de tout, toujours plus au courant des intérêts de l'administré qu'il ne l'est lui-même, sans cesse active et stérile.

Aux États-Unis, le système de décentralisation des Anglais s'outre, au contraire: les communes deviennent des municipalités presque indépendantes, des espèces de républiques démocratiques. L'élément républicain qui forme comme le fond de la constitution et des mœurs anglaises, se montre sans obstacle et se développe. L'administration proprement dite fait peu de chose en Angleterre, et les particuliers font beaucoup ; en Amérique, l'administration ne se mêle plus de rien, pour ainsi dire, et les individus en s'unissant font tout. L'absence des classes supérieures, qui rend l'habitant du Canada encore plus soumis au gouvernement que ne l'était, à la même époque, celui de France, rend celui des provinces anglaises de plus en plus indépendant du pouvoir.

Dans les deux colonies on aboutit à l'établissement d'une société entièrement démocratique, mais ici, aussi longtemps, du moins, que le Canada reste à la France, l'égalité se mêle au gouvernement absolu; là elle se combine avec la liberté. Et quant aux conséquences matérielles des deux méthodes coloniales, on sait qu'en 1763, époque de la conquête, la population du Canada était de 60.000 âmes, et la population des provinces anglaises, de 3.000.000.

[Souvenir de la taille au Canada]

Tout le monde sait également que la Révolution abolit une multitude d'impôts onéreux ou humiliants, tels que la dîme, les droits féodaux, la corvée, la gabelle, la taille, impôts dont les uns ne furent jamais rétablis et dont les autres ne le furent qu'incomplètement ou après l'époque dont je parle [1]. On ne peut guère se figurer aujourd'hui combien plusieurs de ces impôts paraissaient insupportables au peuple, soit à cause de leurs vices, soit par suite des idées qui s'y rattachaient.

Me trouvant au Canada en l'année 1831 et causant avec des paysans d'origine française, je m'aperçus que, dans leur bouche, le mot de taille était devenu le synonyme de misère et de mal. Ils disaient d'un événement très fâcheux : c'est une véritable taille. L'impôt lui-même n'avait, je crois, jamais existé au Canada ; en tout cas, il y avait été aboli depuis plus d'un demi-siècle. Personne ne savait plus en quoi il avait consisté, son nom seul était resté dans la langue comme un témoignage impérissable de l'horreur qu'il avait inspirée.

[Le caractère national des Français au Canada]

Manière de coloniser des Français ; caractère national. - « Un gouverneur, dit le marquis de Mirabeau, un intendant se prétendant tous les deux les maîtres et jamais d'accord: un conseil pour la forme. Gaieté, libertinage, légèreté, vanité ; force fripons, très rarement d'honnêtes gens, souvent mécontents, et presque toujours inutiles. Au milieu de tout cela des héros faits pour faire honneur à l'humanité, et d'assez mauvais sujets capables, dans l'occasion, de traits d'héroïsme. Le vol des cœurs, pour ainsi dire, et le talent de l'amitié des naturels du pays. De belles entreprises, jamais de suite. Le fisc qui serre l'arbre naissant, et déjà s'attache aux branches. Le monopole dans toute sa pompe; voilà nos colonies. »

---

1 Ce passage est tiré d'un chapitre que Tocqueville avait déjà rédigé pour son deuxième ouvrage sur la Révolution. À défaut du texte définitif, nous possédons néanmoins tous les fragments, toutes les notes de Tocqueville grâce aux soins de monsieur André Jardin. Voir dans les *Oeuvres complètes* (Mayer), *l'Ancien Régime et la Révolution*, volume II, pp. 286-287.

Alexis de Tocqueville

On croirait voir l'Algérie. Le seul trait qui manque est l'activité stérile et tracassière de l'administration civile.

Colonie du Canada. - « La terre, dit le marquis de Mirabeau, était excellente dans ses productions, la mer la plus poissonneuse qui soit au monde, le commerce des pelleteries tout neuf et si abondant qu'on n'en savait que faire. Ils se déterminèrent en braves Français : ils prirent tout, et tout de suite furent plus loin pour voir s'il n'y aurait pas encore quelque chose de meilleur. Ils étaient sept; un demeure en Terre-Neuve et dit: « Malgré ces brouillards je tiens ici, et toute la pêche est à nous » ; deux en Acadie, qui bientôt se battirent entre eux, à cause qu'ils étaient trop serrés. Les quatre autres se furent poser à Québec, dont l'un fut à plain-pied par le plus beau chemin du monde s'établir dans la baie d'Hudson; deux autres, pour prendre l'air, remontèrent le fleuve pendant quelques vingt-cinq, trente ou quarante jours, jargonnèrent avec les sauvages, et leur demandèrent des nouvelles, les filoutèrent de leur mieux, furent à la chasse des hommes avec les premiers qui les en prièrent sans leur demander pourquoi et seulement pour se désennuyer, fichèrent quatre bâtons en

terre qu'ils appelèrent « forts », partout où il leur parut que s'assemblait la bonne compagnie, et surtout plantèrent force poteaux où ils eurent soin d'écrire avec du charbon : « De par le roi ».

Morceau charmant et, sous son air de plaisanterie, plein de vérité et de profondeur.

1857

[Une conversation avec Lord Elgin]

Tocqueville fit en 1857 un voyage fort remarqué en Angleterre. Il semble que ce soit là l'époque d'un long entretien avec Lord Elgin, ancien gouverneur du Canada. De cet entretien, il ne reste plus aujourd'hui que quelques phrases conservées par un parlementaire français du nom de Raudot dans un périodique qu'on ne lit plus (Le correspondant, tome 58, 1863, pp. 304-305). Nous avons cru qu'il y avait lieu de transcrire ces trop rares propos qui ont échappé à l'oubli :

« Voici ce que j'ai entendu raconter en 1858 à M. Alexis de Tocqueville, de si regrettable mémoire, qui avait eu l'occasion de parler longuement du Canada avec Lord Elgin, le plus remarquable des gouverneurs généraux de cette contrée. Lord Elgin avait voulu laisser aux Canadiens le choix de leurs administrateurs ; mais nos Français résistèrent d'abord, ils voulaient continuer à être administrés par des fonctionnaires choisis par le gouverneur et n'avoir pas la charge et l'ennui de gérer leurs affaires publiques ; ils rejetaient la liberté qu'on voulait leur donner. Ainsi l'administration des intérêts locaux entre les mains du gouverneur général et de ses agents, qui aurait semblé une énormité aux Anglais, passait aux veux des Canadiens-français pour un avantage. Rien n'avait plus frappé Lord Elgin que cette différence dans les idées des deux peuples; mais mû par des motifs d'un ordre supérieur, il obligea nos Français à s'administrer eux-mêmes. Ils s'accoutumèrent bientôt à ce régime, et si un jour on voulait ravir aux fils ce qu'il fallut imposer aux pères, l'indignation serait grande sans doute dans le Canada français ».

ISBN : 978-1511690300

Alexis de Tocqueville

www.ingramcontent.com/pod-product-compliance
Lightning Source LLC
Chambersburg PA
CBHW070355290526
45790CB00004B/1495